연애는 다큐다

크리스천을 위한 해피엔딩 사랑법

일러두기 본문에 인용한 성경은 킹제임스 흠정역 400주년 기념판〈그리스도 예수 안에〉판입니다.

크리스천을 위한 해피엔딩 사랑법
연애는 다큐다

김재욱 지음

국제제자훈련원

추천사

하나님의 관점에서 바라본 남녀 간의 사랑법

사람이 누군가를 사랑하게 되는 일은 '내가 왜 나라는 존재로 여기서 태어났는가' 하는 물음만큼이나 어렵다. 연애가 더 이상 환상이 아닌 다큐라는 것을 깨닫게 되었을 때쯤이면, 안타깝게도 우리는 많은 혼란과 상처들을 맞이하게 된다.
이처럼 잔인하리만큼 정확하게 흘러가는 시간 속에 무방비로 방치된 이들에게, 저자는 탁월한 재치와 센스로 '하나님의 관점에서 바라본 남녀 간의 사랑법'에 대해 이야기한다. 무엇보다 사랑의 결실은 가정이고 가정은 하나님의 놀라우신 사랑의 선물이라는 것을 잊지 말아야 하겠다.
이 책은 크리스천을 위한 해피엔딩 사랑법을 넘어, 아름답고 건강한 연애를 꿈꾸는 이 세상 모든 남녀들을 위한 책이다.

가수 **나얼**

달콤하고 지혜롭고 '열매 맺는' 로맨스 한 편 찍어보자고

바쁘고 지치는 일상, 시원하게 한번 웃어보자는 심산으로 시청하는 한 편의 예능 버라이어티. 빵빵 터지는 웃음 속 세상살이 시름들이 날아갔나 보면, 여전히 거기 있는 너. 내 연애만이라도 예능 혹은 로맨틱 코미디면 좋으련만… '연애는 다큐'란다. 순간 〈내셔널 지오그래픽〉의 한 장면이 떠오르면서 슬며시 서운함이 느껴지는 건 어쩔 수 없다. '연애' 하면 아무래도 솜사탕 같이 달콤한 장면들이 먼저 떠오르기 때문이리라.

'갓피아' 사랑이야기 담당작가 시절, 저자가 연재하던 크리스천 이성교제·결혼 칼럼을 즐겁게 읽었던 기억이 난다. 저자 특유의 재치 있는 문체를 따라 연애의 단맛과 쓴맛, 날 것의 연애와 결혼 이야기를 읽어 내려가다 보면 분명 웃고 있는데 진지하게 생각하게 되고, 지나간 연애들이 떠오르면서도 어느새 현재의 연애를 보게 되며, 무엇보다 하나님의 시각으로 내 연애와 결혼을 바라보게 되었던 것 같다. 연애와 결혼에 대한 수박 겉 핥기 식 이야기가 아닌, 현실적이면서도 솔직한 생활밀착형 내용이 대부분이었다. 하지만 무엇보다 그 중심은 하나님 앞에서 온전한 삶의 예배를 드리기 원하는 마음이었기에, 새로운 글이 올라올 때마다 많은 공감의 댓글들이 이어지곤 했다.

실제 사례를 바탕으로 한 생생한 이야기와 '연애도 스토리가 스펙을 이긴다'에서의 쏠쏠한 연애비법들까지, 이 책은 내게 또 하나의 설렘을 안겨 주었다. 하나님께서 기뻐하시는 연애로 열매 맺기 원하는 1인으로서 비슷한 나이대의 친구들과 함께 읽고 싶다. 그리고, 이야기하고 싶다. 올해 진짜 달콤하고 지혜롭고 '열매 맺는' 로맨스 한 편 찍어보자고.

작가 **안시경**

현실적이고 세심한 연애 '고민해법서'

지금의 남편과 연애하고 결혼생활을 하면서 서로 대화하는 법이나 상대방을 향한 태도가 얼마나 중요한지 알게 되었다. 성격이 정반대인 우리는 생각하는 기준도, 대화하는 스타일도 서로 많이 달랐는데, 그런 면에서 이 책의 글들이 무척 공감되었다. 결혼 후 지금까지 남편과 함께 지내오면서 제대로 생각해보지 못했던 우리의 관계에 대해서도 다시 돌아보는 계기가 된 것 같다.

예전에 웨딩플래너로 일하면서, 예비 신랑 신부가 결혼 준비를 하는 과정에서 사소한 것에도 크게 다투는 경우를 종종 본 적이 있다. 그런데 이 책의 현실적이고 세심한 표현에서, 그때 그들이 왜 그럴 수밖에 없었는지에 대해 새삼 고개가 끄덕여졌다. 특히 1장의 '남녀 간의 믿음도 들음에서 온다'는 크게 공감되는 글이었다.

연애와 결혼에 대해 혼란을 겪고 있는 친구나 동생들에게 이 책을 꼭 읽어보라고 권하고 싶다. 하나님이 허락하시고 인도하시는 짝을 만나기 원하는 모든 이들에게, 이 책이 명쾌하고 시원한 '고민해법서'가 될 것이라 확신한다.

전 웨딩플래너 **신서연**

축전사

PROLOGUE

참을 수 없는
연애의 가벼움

10년 만에 다시 사랑과 연애와 결혼에 관한 책을 내게 되었다. 전작보다 웃음기는 빠졌지만, 보다 진솔한 메시지와 성경 속 이야기를 담을 수 있어 기쁘다. 나의 첫 연애 책『연애를 잘하는 여자』는 현재 절판되어 도서관에서나 볼 수 있는데, 책 속의 빼곡한 메모와 밑줄, 곳곳에 묻어 있는 손때를 발견할 때 위안을 얻곤 한다. 나를 디자이너이자 일러스트레이터로 알아왔던 분이나 창조과학서와 복음 변증서 작가로 알고 있던 분들은, 간혹 나의 연애 책을 보며 저자가 동명이인일 거라고 오해하기도 한다. 그런데 같은 사람이 맞다. 어쩌다 보니 다양한 분야의 글을 쓰게 됐다.

첫 연애 책 출간 이후 갓피아닷컴을 통해 연재했던 웨딩칼럼이 이

책의 모티프가 되었고, 블로그에 꾸준히 썼던 글들도 더해졌다. 이 책을 한 문장으로 정의한다면 '애정 만능·사랑 과잉의 시대에 돌아보는, 참을 수 없는 연애의 가벼움'이다. 진지함을 견디지 못하기에 맞닥뜨릴 수밖에 없는 문제들이 남녀관계에서도 수시로 발생한다. 크리스천 청춘들이라도 이런 세태를 반성하며, 조금 더 깊이 생각하고 바르게 만나 건강하게 사랑하기를 바라는 마음이다.

연애는 원하는 대로 착착 들어맞는 비현실적인 드라마가 아니라, 민낯이 그대로 드러나는 실전 다큐다. 나는, 내가 이렇게 쓴 대로 잘하니 독자들도 잘하시라는 마음에서 이 글을 쓴 것이 아니다. 오히려 이 책에 나와 있는 '연애를 할 때 바람직하지 못한 모습' 중에 나의 과거 모습도 많다. 내가 부족해서 굽이굽이 둘러서 간 길을, 다른 이들은 바로 질러서 갔으면 하는 마음이라고 해야 할까.

곳곳에 등장하는 사례들은 당사자들의 프라이버시를 고려해 상황을 약간 틀어서 썼다. 여성잡지사부터 문화선교 기업, 토탈 웨딩 업체를 거치면서 다양하게 보고 겪은 일들뿐만 아니라 시대 상황과 사회적 현상까지 두루 담아냈다. 추천사를 써준 분들, 멋진 뮤지션이자 성경을 사랑하는 믿음직한 청년 나얼 아우, 갓피아에 칼럼을 연재할 수 있도록 내게 연락해 주었던 시경 작가님, 마음도 얼굴도 예쁜 웨딩플래너 출신의 직장 후배 서연 씨에게 감사하고 싶다. 밤늦게까지 불을 켜고 일하는 나를 약간의 잔소리로 이해해 주는 아내와 가족들에게 늘 고마운 마음이다. 국제제자훈련원과 처음 호흡을 맞추었는데 모든 일이 순조로워 감사했다. 친절한 미소의 임 편집장님과 스마트한 편집자 홍 대리님과, 고생이 많았을 디자이너 이 대리님에게도 감사한다. 유쾌한 투덜이 겸성 부장에게도 좋은 성과를 기대하며(?) 미리 감사하고 싶다.

    사랑과 연애는 글로 한 번에 배워지지 않는다. 하지만 무작정 실전에 부딪히는 것은 더 해롭다. 요리할 생각이 없는 사람이라도 요리 책을 볼 수 있다. 그런 마음으로 가볍게 읽다 보면, 결정적인 순간에 써먹을 것들이 하나씩 떠오를지도 모른다. 이 책이, 열렬히 연애 중이거나 달콤한 연애를 꿈꾸는 청년들과 결혼을 진지하게 생각하는 남녀, 그리고 갓 결혼해 좌충우돌하고 있는 젊은 부부들에게 공감을 얻는 삶의 레시피가 되길 바란다. 그리고 언제나 나의 글을 사랑하고 아껴 주는 소중한 독자 분들께 작은 도움이 되는 책이기를, 무엇보다 하나님이 기뻐하시는 책이기를 바랄 뿐이다. 머리말을 쓰는 오늘, 무척이나 덥다. 이런 무더운 날에는 차갑고 달콤한 식혜가 그립다. 이 책도 사랑과 연애와 결혼 앞에 고민하느라 목이 타는 청춘들에게, 시원한 얼음 식혜같이 반가운 책이 되었으면 좋겠다.

2013년 여름, 김재욱

CONTENTS

추천사 004
PROLOGUE _ 참을 수 없는 연애의 가벼움 008

1장
솔로의 끝물, 서두르지 않아도 괜. 찮. 아.

연애는 미드가 아니라 다큐다 016
난 이파리, 그녀는 줄기 021
연애도 스토리가 스펙을 이긴다 024
남녀 간의 믿음도 들음에서 온다 029
사랑도 조금 식어야 제맛 035
여자가 남자를 떠나는 이유 040
금단의 열매, 그 뒷맛은 쓰다 045
나쁜 남자는 뚜껑 없는 맨홀이다 050
콘크리트도 두드리고 디뎌라 059
젊은 베르테르는 숭고하지 않다 064
난 정말 그를 사랑하는 걸까? 069
지지고 볶아야 시들지 않는다 073
악조건과 함께 오는 사랑 078
뿌리 깊은 나무의 법칙 081
동상이몽, 남과 여 1 _ 여자들 속의 남자, 남자들 속의 여자 086

2장
연애와 결혼 사이, 만 번을 흔들려도 괜. 찮. 아.

결혼하기 좋은 여자는 따로 있을까? 092
결혼은 외로움의 종착역이 아니다 097
몽상가와 현실주의자의 시소 게임 102
전도사님, 여기서 이러시면 안 됩니다 108
결혼에 대한 오만과 편견 112
배우자 기도, 구체적으로 하라고? 117
의외의 복병, 드센 장모 처가월드 124
결혼하기 좋은 남자가 따로 있을까? 131
형제 서열에 따른 배우자감의 특징 136

가정적인 남자 고르는 법	149
내 사랑에 고민이 시작될 때	153
그 사람은 정말로 내 편일까?	159
사랑할 때 버려야 할 아까운 것들	163
행복을 혼동하는 그대	169
동상이몽, 남과 여 2 _ 커플이 커플을 만났을 때	174

3장
달콤살벌한 결혼,
사랑하니까
괜. 찮. 아.

이 사람이 정말, 하나님이 주신 배우자일까?	180
커 보이는 남의 떡, 빛 좋은 개살구	187
지질한 마마보이, 똑똑한 와이프보이	192
배우자를 춤추게 하는 가장 좋은 방법	198
말 안 통하는 가정은 바벨탑이다	203
누구든지 자기 가족을 돌보지 아니하면	208
인생에도 가지치기가 필요하다	213
영원한 로맨스는 없다	217
내가 당신 없으면 못 살 거 같아?	222
이삭과 노아의 거룩한 공통점	226
남편에게 지면서 이기는 법	232
남자는 언제 폭력적이 되는가?	238
남편은 아내의 진심을 먹고 산다	244
아닌 척하지만 아내가 좋아하는 것들	249
인생의 민낯은 낭만이 아니다	253
남녀의 체감 시간, 달라도 너무 달라	257
인생은 새옹지마, 어쩌면 복불복	262
동상이몽, 남과 여 3 _ 신체 노출에 대하여	269

EPILOGUE _ Too much love will kill you	273

1장

솔로의 끝물,
서두르지 않아도
괜. 찮. 아.

연애는 미드가 아니라 다큐다

1

웨딩 업체에서 근무할 때는 토요일이 가장 바빴다. 헤어 메이크업 팀은 신부를 단장하느라 분주하게 움직이고, 웨딩플래너들은 기다리는 신랑에게 비디오를 틀어 주고 간식도 제공하는 등 무전기로 서로 연락하며 한 치의 실수도 없도록 애쓴다. 한창 바쁠 때는, 이른 아침부터 준비해 하루 쉰 쌍까지 예식을 치러본 적도 있다.

한번은 어떤 신랑이 턱시도까지 말끔히 차려입고서 계단을 들락거리며 안절부절못하는 것이었다. 어디론가 연신 전화를 하며 초조해하던 그 젊은 남자에게서 결혼의 흥분이나 행복한 기대감 같은 것은 찾아볼 수 없었다. 계속 휴대폰으로 통화를 시도하며 속닥대던 남자는 급기야 흥분해서 이렇게 말했다.
"나 좀 있으면 식장으로 출발하거든! 너 어떻게 나한테 이럴 수 있어? 나 진짜 식 올려 버린다. 내가 못 할 거 같아? 나 이제 책임 못 져! 진짜 이렇게 결혼해 버리라는 거야?"

세상엔 다양한 사람들이 있고 별일이 다 있다지만 정말 어처구니없는 일이 아닐 수 없었다. 아마도 그는, 어쩌다 결혼을 하게 됐는데 이전 관계를 미처 정리하지 못한 채 결혼식 날까지 떠밀려온 것 같았다. 그 신랑의 신부는 누구였을까. 아마 그녀는 이런 사실을 꿈에도 몰랐을 것이다.

이처럼 생각보다 많은 이들이 상대에 대한 확신도 없고, 열심히 살려는 의지와 일생을 건 고민도 없이 결혼을 결정하고, 망설이다 우왕좌왕 예식을 올리고 있다.

물론 기도하고 선택하고 고민하고 심사숙고해서 결혼하는 사람들도 있겠지만, 아직도 많은 사람들이 진지하지 못한 자세로 교제와 결혼에 임하고 있는 것 같다. 정작 본인들은 아니라고 '나름대로' 신중하고 진지했다고 우길 수도 있겠지만, 요즘 들어 유독 높아진 이혼율과 부부간의 복잡한 문제들이 결국 그 증거가 아닐까.

2

요즘 젊은이들은 심각한 것을 싫어한다. 아니, 요즘 사람들 자체가 그렇다고 하는 것이 더 정확한 표현이겠다. 이런 조급증의 사회에서 결혼이라는 큰일을 치르는 이들은 어쩔 수 없이 실수를 할 수밖에 없다.

사람들은 리모컨이 없으면 견디지 못한다. 왜 재미없는 프로그램을 잠깐이나마 들여다보아야 하며, 채널을 바꾸기 위해 왜 힘들게 몸을 움직여야 하느냐고 생각한다. 조금이라도 힘든 것은 버티지 못하고, 견디기 싫어하는 요즘 사람들의 세태를 표현한 영화도 있었다. 잔소리하는 마누라를 즉시 멈추게 하고, 원하는 것은 뭐든 가져다주는 리모컨을 가진 남자의 이야기였다. 그런데 현실이 어디 그러한가? 절대 그렇지 않다. 리모컨은커녕 목에 칼이 들어와도 양보라고는 모르는 연인이나 배우자가 있을 뿐이다.

이처럼 현실은 참 힘이 들고, 그래서 자꾸만 힘든 교제의 상황들을 회피하게 된다. 괴롭고 복잡한 상황을 정면 돌파하지 않고 그냥 덮어 두고 묻어두고 지나쳐 버린다. 하지만 꼭 필요한 것은 이야기하고 또 결론을 낸 후에 다음 단계로 넘어가는 것이 인간관계 아닌가. 그냥 좋은 게 좋은 거라고 덮어 버리면 그 모든 피해는 눈 덩이가 되어 나를, 또 함께 꾸리게 될 가정을 덮친다.

3

나는 "제발 진지해지자"고, 연애하는 젊은이들에게 말하고 싶다. 자신에게 진지함이 결여됐다고 생각하는 사람은 인내심을 길렀으면 좋겠다. 간혹 독서를 많이 하고 생각이 깊은 사람도 있지만, 그런 이들이 친구를 만나면 결국 아까운 시간만 세다 허탈하게 돌아올 수밖에 없다. 친구들과 만나면 유행하는 패션과 맛있는 음식, 잘나가는 연예인의 시시콜콜한 근황에 대해서는 쉬지 않고 이야기하지만, 다른 진지한 주제들에 대해서는 대화를 5분도 잇지 못한다. 이런 사람들은 오늘부터 〈100분토론〉이라도 좀 끝까지 보고, 한 달에 한 권이라도 책을 읽기를 권한다. 그래야만 인생을 진지하게 풀어갈 수 있고 앞에서 소개한 엽기 신랑처럼 불행에 빠지지 않게 된다.

내가 아는 어떤 커플은 남자가 자신감이 넘치는 사람이었다. 가진 것은 없어도 헤쳐나가면 된다고 여기는 사람이었고 자기 연인에게도 그렇게 프러포즈를 했다. 두 사람은 잘 사귀는 것 같았는데 결혼 말이 오가면서 그만 흐지부지 이별하고 말았다. 놀랍게도 여자 쪽에서 그의 미래와 그것을 보는 자세 등을 신뢰하지 못하고 거부한 결과였다. 주변 사람들은 그 여자를 이해하지 못했다. 그렇게 믿음직한 사람을 왜 차 버리느냐고, 혹시 당장의 부족한 조건을 보고 그런 것이 아니냐고 곱지 않은 눈초리를 보내기도 했다.

그런데 알고 보니 그 남자에게는 정말 아무런 계획이 없었다. 그저 자기 방식대로, 있으면 먹고 없으면 굶는 혼자만의 밥상 같은 삶에, 숟가락 하나 더 놓고 여자를 동참시키려 했던 것이다. 오히려 번지르르한 공약이나 비전, 자신감 덕분에 주변으로부터 과대평가를 받고 있던 것이다. 그의 그런 점들이 연애를 하는 그녀에게는 구체적으로 보였을 것이다. 결국, 둘의 결혼은 무산됐고 그녀는 몇 년 후 목회자와 안정적인 결혼을 해 잘 살고 있다.

이 과정에서 그녀를 잠시 비난한 이들도 있었지만 이내 그녀가 그럴 수밖에 없었음을 다들 이해했다. 그녀가 애초부터 똑똑하고 신중한 여자였기에, 섣불리 사귀고 쉽게 헤어져 버렸을 리 없다고 그들도 생각했던 것이다. 이처럼 진지하고 신중한 접근이 아니었다면, 그녀는 남자의 설득에 넘어가 그럭저럭 살면 되겠거니 했거나, 돌이키기엔 너무 늦었다고 생각하고 등 떠밀려 결혼을 해 버렸을 것이다.

가벼운 농담처럼 시작된 교제, 가벼운 마음으로 던진 프러포즈가 막연히 행복을 가져다 줄 거라고 믿는다면 큰 오산이다. 가벼운 남편, 가벼운 아내, 가벼운 가정이 얼마나 참을 수 없는 것인지 경험으로 알게 될 때는, 땅을 치며 후회해도 이미 늦다.

난 이파리, 그녀는 줄기

1

한 남자가 자취생활 중이었다. 그의 고민은 먹는 문제나 빨래하기 등 생활과 직접적으로 연관된 것들이었다. 그 중 한 가지는 김치에서 비롯됐다.

고향의 어머니에게서 김치가 풍족하게 왔지만, 문제는 그가 김치의 이파리만 먹으려 해서 아삭한 줄기 부분만 남아 늘 처치 곤란이라는 것이었다. 식성을 바꿔서 골고루 먹으면 좋으련만 쉽지 않았고, 안 그래도 편식한다며 타박하시는 어머니께 이파리 부분만 보내달라고 하기도 좀 그랬다.

그러다가 남자에게 여자친구가 생겼다. 여자는 그의 집에 다녀가기도 했고 자연스레 둘이 밥을 해먹는 일도 잦았다. 두 사람은 서로 성격도 비슷하고 어느 정도 잘 맞는다고 생각했다. 김치를 먹을 때도 그녀는 그와 마찬가지로 이파리만 즐겨 먹었다. 처음에는 이런 것조차 비슷해서 두 사람이 서로 잘 맞는다고 생각했다. 하지만 점점 김치의 줄기 부분이 쌓이기 시작했고, 김치 그릇을 통째로 비우는 일은 거의 없었다. 그렇게 남은 김치만큼, 두 사람 사이에도 앙금이 쌓여만 갔다.

잘 맞는 것 같던 두 사람 사이는 점점 멀어졌고, 어느덧 남자는 다시 혼자가 되었다. 이제 김치 같은 것은 생각나지도 않았다. 어느 부분을 얼마나 먹든 그게 무슨 대수란 말인가.

얼마간의 시간이 더 흐른 뒤에 남자는 또 한 명의 여자를 만났다. 그런데 이 여자는 남자와 정반대였다. 아삭한 식감을 좋아해 김치의 줄기 부분을 즐겨 먹는 사람이었던 것이다. 남자가 먼저 이파리 부분을 먹기 시작하면 여자는 줄기 부분을 집어갔고, 반대로 여자가 먼저 줄기 부분을 먹으면 남자는 반가운 마음으로 이파리를 먹곤 했다. 나중에는 누가 먼저랄 것도 없이 줄기 부분과 이파리 부분을 나누어서 가져다 먹곤 했다. 자연히 김치를 버리는 일도 줄어들었고 그의 작은 고민도 해결됐다.

어느 날 그는 김치 그릇을 바라보며, 사랑도 의사소통도 문젯거리도 모두 다 이와 같다는 생각을 했다. 한쪽만 파다 보면 늘 한계를 만나곤 한다. 두 사람 모두 같은 것에 집중하면 문제는 풀리지 않는다. 두 사람 다 같은 방향에서 바라보면 뒷면이나 측면은 볼 수가 없다. 두 사람이 다 사랑을 받으려고만 하면 그 사랑은 기형적인 형태가 되고 만다. 이런 생각으로 한층 성숙해진 남자는 오늘도 즐거운 마음으로 빈 김치 그릇에 새로운 김치를 가득 채워 본다.

3

사람들은 대부분 자기와 코드가 맞는 사람을 만나려고 애를 쓴다. 그리고 상대가 나와 맞지 않는다고 생각되면 견디지 못하고 원망부터 한다. 그러나 때로는 생각이 같고 취향과 성향이 같다는 것이 도움이 안 되기도 한다.

이상의 시 "거울"에 나오는 자아처럼, 마주서서 똑같은 방향의 손을 내밀면 두 사람은 영원히 악수할 수 없다. '아' 하면 '어' 해야 재미가 있다. 그런데 사람들은 자꾸만 내가 '아' 할 때 똑같이 '아' 하는 사람을 찾으려 한다.

두 사람이 김치의 다른 부분을 좋아하는 것은 취향이 다른 문제로 볼 수도 있지만, 상호 보완을 위해서는 오히려 잘 맞는 관계라 할 수 있다. 사랑은 물 흐르듯 부드러운 춤과 같은 기술을 요한다. 한 사람이 목을 안으면 상대방은 허리를 잡고, 한 사람이 발을 내밀면 상대방은 한 스텝 빼야 한다.

사랑하는 이를 볼 때 내가 채워줄 수 있는 것이 무엇인지 헤아려 본다면, 내다버리기만 하는 사랑이 아니라 비우고 채우고, 비우고 또 채워가는 그런 사랑으로 만들어 갈 수 있을 것이다.

연애도 스토리가 스펙을 이긴다

1

'30년 가슴에 품은 사랑보다 3초의 고백이 더 귀하다'는 금언이 있다고 한다. 사랑은 표현하지 않으면 그 누구도 알 수가 없다. 세상의 모든 커플과 부부는 그런 고백의 과정을 거쳐서 지금에 이르렀다.

그러나 고백의 방법이나 시기 등은 매우 민감해서, 잘못하다가는 오히려 일을 그르치거나 오해를 받을 수도 있다. 내 주변의 어떤 이는 이런 요소들이 잘 맞아 떨어지지 않고 주변 요인들의 방해를 받아 큰 오해를 사기도 했다. 결국 그의 좋은 의도와 순수한 감정들마저도 역으로 비쳐져 좋지 않은 결과를 가져왔다.

누군가를 사랑하여 둘만의 세계로 가고자 하는 것은, 새로운 세상을 차지하는 과정이며 알을 깨고 나가는 것과 같은 엄청난 시도이다. 이것은 하나의 '음모'와도 같다. 그러기에 치밀한 계획을 세워 하나씩 실행해 나갈 조력자가 있어야 하고, 그 과정에서 자신의 입장을 지지해 줄 편을 만들어야 한다. 이때 무작정 상대를 차지하려 하기보다는 그 일 전체를 담을 하나의 철학이 있어야 하며, 성공했을 때의 계획과 실패했을 때의 시나리오를 염두에 두어야 한다.

이런 음모를 담은 사랑의 시도는 하나의 '난'이라고 볼 수 있다. 고백하는 사람 '아무개의 난'이다. 성공하면 그것은 두 사람의 아름다운 러브스토리가 되지만 실패한다면 그는 음모의 주동자로 전락할 뿐이다. 그리고 그 과정의 음모들이 공개될 경우에는, 그는 대역죄인이 되어 짝사랑하던 사람도 잃고 손가락질과 비난의 수모를 겪어야 할지도 모른다. 성공한 혁명인지, 실패한 쿠데타인지는 철저한 준비 과정과 결과가 말해 줄 뿐이다. 그렇다면 어떻게 접근해야 음모(?)를 성공시킬 수 있을까.

2

여기서 고백과 프러포즈 노하우를 세세하게 논할 생각은 없다. 그것은 지극히 상대적이고 개인적인 것이라 모두에게 적용하기 어렵다. 단지 가장 기본적인 것 한 가지만 말하고 싶은데, 그것은 바로 '상대방과의 비밀을 만드는 것'이다.

세상 모든 일은 일종의 비밀이 드러나는 과정이다. 하나님께서 이 세상에 품으셨던 비밀이 드러나면 모든 것이 창조된다. 우리가 하나님의 자녀로 다시 태어나려면 하나님의 부르심이 우리 안에 비밀로 자라나야만 한다. 그래서 구원은 공동구매로 받을 수 없다. 자기만의 깨달음과 자기만의 만남, 체험이 있어야 한다. 여기서 체험이란 신비한 은사들을 말하는 것이 아니라, 말씀에 의해 하나님의 세미한 음성에 귀가 열리게 되는 것, 또 그 말씀으로 인해 믿음이 오는 것을 말한다.

　이렇듯 사랑하는 사람들 사이에도 둘만의 비밀이 있어야 한다. 두 사람이 대화를 나누고 연애를 하는 과정에서 남들이 모르는 이야기들이 쌓여 가고, 둘만의 눈짓이며 주고받은 선물, 약속 등이 넘쳐야 한다. 그때 비로소 두 사람은 새로운 세상으로 옮겨가게 되는 것이다.
　그리고 비밀이 만들어지면 일단, 한 발 뒤로 물러서야 한다. 지속적으로 다가가는 것이 아니라 상대에게도 생각할 시간을 주는 것이다. 비밀이 생기면 그는 나를 자꾸 떠올리고 생각하게 된다. 그리고 내가 없으면 허전하고 아쉽다는 것도 알게 된다. 그렇게 시간을 둔 후에 다시 그의 앞에 나타나면, 설렘과 반가움은 배가 되고 비온 뒤에 자라는 새싹처럼 무언가 수면 위로 떠오르는 감정이 생기는 것이다.

　둘만의 비밀이란 대단한 것이 아니다. 드라마와 영화를 보면 사소한 마주침이나 작은 공통분모로도 사랑이 싹트는 것을 알 수 있다. 사랑하는 사람이 있다면 남들에게 말하지 않은 작은 비밀을 그에게 알려 주면 된다. 사내 커플이라면 하다못해 직장 상사의 험담이라도 하면서 둘만의 비밀을 만들어 가면 된다.
　내가 아는 사람 중에 사귀는 사람이 생기면 최근에 쓴 일기장을 주는 여자가 있었다. 좀 심하다 싶긴 하지만 이 '비밀의 책'을 받은 남자는 그 여자를 완전히 믿고 깊이 사랑하게 된다. 이 방법이 매번 반복돼서 문제였지만, 효과 하나는 기가 막혔다.

이처럼 좋아하는 음식 메뉴나 가족관계, 취미 등 사소한 것들이라도, 둘만 아는 비밀이 있다는 것 자체가 상대의 마음을 열게 한다. 다만, 여기저기 남발해서 "나만 아는 줄 알았더니 모두가 알더라"가 되면, 한순간에 김이 빠지고 실없는 사람이 된다. 더 이상 비밀이 아니기 때문이다.

예전 회사 동료들 중에 정말 안 어울리는 두 사람이 만나 결혼한 적이 있다. 그런데 그 둘이 그저 단순한 동료 관계였을 때 이런 일이 있었다.

남자가 친구들과 멀리 등산을 갔는데 그곳에서 우연히 그 동료 여성을 만난 것이다. 평소 그리 친하지는 않았지만, 생소한 지역에서 더구나 다른 사람들과 있는 데서 그렇게 만나게 되니, 얼마나 반가웠던지 둘이서 한참을 이야기했다고 한다. 두 사람은 그 후에도 만나면 '남들은 모르는' 등산 이야기를 했고, 다른 사람들보다 좀 더 안답시고 눈인사를 주고받았다. 그러다가 가끔 점심도 함께 했으며, 나중에는 등산길에서 만난 서로의 친구들과도 같이 어울리게 되었다. 둘만의 비밀이 두 사람을 하나로 묶어 준 것이다.

이처럼 상대방을 내 사람으로 만들려면 크든 작든 두 사람만의 이야기를 만들어야 한다. 상대방 앞에서 일부러 손수건을 떨어뜨려 인연을 맺는 신파극에서는, 그 손수건에 둘만의 비밀과 이야기가 담기게 된다. "만납시다!", "사랑합니다!" 하고 고백하기에 앞서 먼저 작은 것부터 시작하라.

남녀 간의 믿음도 들음에서 온다

1

연인일 때는 미주알고주알 대화도 참 많이 한다. 한 얘기 또 해도 재미있고, 즐겁고, 말하는 입조차 예쁘다. 그러나 부부가 되면 대화는 점점 줄어들고, 자기 말만 하는 부어터진 입술은 밉살맞아 보일 뿐이다. 그렇게 서로 자기 말만 하다가 중년이 되면 말이 안 통해 못 살겠다고 한다. 그런데 자기 배우자랑 말이 안 통한다는 사람도, 밖에 나가면 대화를 꽤 잘한다. 왜냐하면 들을 준비가 돼 있기 때문이다.

말을 잘 들으라는 뜻으로 귀가 두 개이고 입은 하나라는 이야기를 많이 들었을 것이다. 만약 귀가 하나뿐이었다면 돌비 서라운드 음향 시스템도 필요 없었을 것이다. 여기엔 남의 말을 곧이곧대로만 듣지 말고 입체적으로 듣고, 새겨들으라는 뜻도 있는 것 같다.

솔로몬의 지혜 역시 '듣는 것'이었다.

"그러므로 주의 백성을 재판하도록 주의 종에게 깨닫는 마음을 주사 내가 좋은 것과 나쁜 것을 분별하게 하옵소서. 이같이 큰 주의 백성을 누가 능히 재판하리이까? 하니라" 왕상 3:9

주의 백성을 잘 재판하고 다스릴 수 있는 지혜로운 마음이란, 바로 '듣는 것'이라는 말이다. 하나님은 솔로몬의 이 고백이 마음에 드셨고 그에게 지혜를 주기로 하셨다. 그래서 우리가 잘 아는 바와 같이 솔로몬은 명 재판관이 되었다. 누구도 풀기 어려운 문제를 그는 지혜롭게 해결했는데, 이는 백성들의 말을 잘 듣는 것에서부터 시작되었다.

2

가정을 꾸려가다 보면, 아니 연애를 하는 과정에서도 다툼이 일 때면, 마치 각자 다른 언어를 쓰던 사람들처럼 서로 충돌하고 상처를 입히기 일쑤다. 그럴 때 정말 간절히 드는 생각은 '내게 좀 더 지혜가 있었다면…', '내가 좀 더 현명했더라면…' 이다. 그렇게 실패하면서 사람들은 흔히 이렇게 후회한다.
"내 말에 좀 더 강력한 설득력이 있었더라면…."
"내가 좀 더 논리적으로 설명하고 내 마음을 잘 표현할 수 있었더라면…."
물론 설득력과 표현력도 원인일 수 있지만, 사실 지혜가 부족했다는 것은 대개 듣는 능력이 부족했다는 것을 의미한다.

솔로몬의 명 판결이나, 누군가와 상담할 때 해답을 제시하는 것이 무슨 거창한 기술에서 나오는 것처럼 생각하기 쉬운데 그렇지 않다. 일단은 듣는 것이 그 출발선이다. 상담자가 하는 일은, 내담자의 머리에 손을 대고 요술을 부려 뇌의 꼬인 부분을 풀어주는 것이 아니다.

대부분의 치료나 상담은 듣는 것이다.

상담자는 내담자가 자기 이야기를 다 끄집어 낼 수 있도록 유도하는 질문만 가끔 할 뿐 거의 듣고만 있다. 그래서 잘나가는 상담자에게 꽤 많은 비용을 지불하는데, 막상 가면 자기 이야기만 털어놓고 올 뿐이라고 말하는 사람들도 많다. 그러나 이것이 특효의 치료법이다. 뭔가 꺼내 놓아야 할 것들을 꺼내 놓지 못해서 걸리는 마음의 병이 많기 때문이다.

누구나 한번쯤은 경험해 보았을 것이다. 뭔가 문젯거리가 있어서 친구에게 털어 놓다가 자기 말에서 스스로 해답을 찾는 경우 말이다. 그래서 아줌마들은 동창회다 친목회다 모이면, 정신없이 수다를 떠는 와중에 각자의 문제를 해결하고 돌아가는 일이 많다고 한다.

경상도 출신인 우리 교회의 어떤 목사님도 가끔 본인의 어머니를 찾아가 이야기를 들어드린다고 한다. 한 시간이고 두 시간이고 이어지는 며느리 험담과 자식들에게 섭섭했던 이야기들을 묵묵히 듣다가 잦아들면 이렇게 묻는단다.

"어무이, 다 댔심까?"

"…댔다."

어머니에게는 그 시간이, 험담을 위한 험담을 하는 시간이 아니라 말을 하면서 풀고 스스로 해결하는 과정인 것이다.

3

부부간에도 연인 간에도 들어주는 것이 꼭 필요하다.
"내가 생각한 것은 이러이러한 것이야. 그리고…."
"근데 그건 말이야, 내가 볼 때는…."
"나 아직 말 안 끝났거든. 다 듣고 얘기해 줄래?"
"다 듣고 하면 까먹으니까 그렇지. 그래서 내 말의 요지는…."
"일단 마저 들어 봐. 내가 무슨 말 할 줄 알고 말을 막아, 막기는. 왜 날 무시하냐고…."
"그게 아니고, 말을 빨리빨리 해야지 나도 말할 거 아냐. 말만 많아 가지고…."

이러다 보면 본질은 잊어버리고 엉뚱한 것으로 또 다투게 된다. 배우자가 자기도 미안했다는 말을 하려던 순간인데, 중간에 들이대는 바람에 일을 그르치는 일은 꽤 많다.

"다 얘기 한 거야? 더 할 얘기는 없고?"

이렇게 물어가면서 상대방의 말을 이를 악물고 끝까지 한번 들어보라. 사람은 타인에 의해 말이 막히면 불쾌감부터 들고 자연히 감정이 실린다. 하지만 상식적인 사람이라면 누구나 자기주장과 함께 상대방의 반박 논리도 있다는 것쯤은 알기에, 어느 정도 자기 억울함을 호소한 뒤에는 서서히 그 이면까지도 인정하기 마련이다. 그런데 그것을 중간에 잘라버리면 논쟁 자체가 감정대립의 양상으로 와전되기 일쑤다.

듣는 데는 인내심이 필수다. 듣는 동안 속에서 뭉게뭉게 피어나는 100가지도 넘는 반론과, 인간이 어떻게 저렇게 생각할 수 있나 하는 미운 생각과, 그때그때 지적하고픈 유혹 등은 다 물리쳐야 한다. 그렇다고 그 시간이 지나가기만을 기다리며 딴 생각이나 하고 있는 것도 반칙이다.

4

듣는 것이 많은 것을 해결해 준다는 것은 사실이지만, 듣고 수용하는 것에도 한계는 필요하다. 무조건 수용하고 다 받아들이는 것이 아니라, 넘지 말아야 할 경계선을 분명히 정해놓고 선을 그어 대처해야 한다.

솔로몬은 훌륭한 왕이었고 지혜와 다른 모든 것까지 갖춘 위대한 왕이었지만 잘못한 일도 많았다. 하나님의 성전을 화려하게 지어 바친 것까지는 좋았는데, 자기의 왕궁을 그보다 더 많은 돈을 들여 더욱 오랫동안 한층 화려하게 지었던 것은 지적받을 만하다. 또 그는 많은 이방의 왕족 여자들과 결혼하여 그들의 나라와 우호적 관계를 맺었고, 지극히 인간적인 방법으로 적당히 타협하며 이웃 나라와의 평화를 도모했다.

뿐만 아니라, 그의 듣는 기술은 도가 지나쳐서 여러 아내들의 요구에 따라 그녀들의 이방신들을 함께 섬기기도 했다. 솔로몬은 하나님이 주신 지혜도 자기의 욕심대로 쓰면 어떤 최후를 맞게 되는지 제대로 보여준 것이다. 그는 결국, 나라까지 둘로 분열되게 만들고 젊은 나이에 죽고 마는, 용의 꼬리와 같은 마무리를 하게 된다.

듣고 동의하는 기술에는 분명한 기준이 필요하다. 상담자는 무조건 들어주는 것이 아니라, 내담자가 한 가지 생각에만 빠져들지 않도록 바른 길을 제시하며 치료를 해나간다. 이처럼 우리 역시 하나님의 주권에 관한 것을 타협한다든지 옳고 그름을 포기해가면서까지 무조건 듣고 수용해서는 안 된다.

일단, 상대방의 말을 잘 들어보라. 듣는 것은 지혜의 시작이며 해결의 실마리이기도 하다. 감히 생각해 본다. 남녀 간의 믿음 역시 들음에서 오는 것이 아닐까 하고.

"그런즉 믿음은 들음에 의해 오며 들음은 하나님의 말씀에 의해 오느니라" 롬 10:17

사랑도 조금 식어야 제맛

1

연애를 시작한 사람들에게는 몇 가지 공통점이 있다. 세상이 다르게 보이기 시작하고, 들려오는 사랑노래가 다 자기 이야기로 여겨지며, 일상의 모든 신경을 연인에게 집중하는 등의 유사점이 많은데, 그중에서도 마음이 급하다는 특징이 있다.

이런 급한 마음은 이뤄지기 힘든 사랑을 성사시켜 주거나 사랑을 급속도로 뜨겁게 만드는 다소 긍정적인 면도 있지만, 많은 부분들을 놓치게 하는 부정적인 역할도 한다. 사람이 살아가는 데 필요한 덕목이 있다면 성령의 아홉 가지 열매와 그 내용이 비슷할 것 같다. 성령의 열매를 거두는 사람이라면 사랑 역시 하나님이 원하시는 아름다운 열매로 거둘 수 있지 않겠는가.

갈라디아서 5장에 나오는 성령의 열매는, 사랑과 기쁨과 화평과 오래 참음과 부드러움과 선함과 믿음과 온유와 절제다 갈 5:22-23. 이어지는 말씀에 "이 같은 것을 대적할 법이 없다"는 설명이 있는데, 여기서 '이같은 것들'이 아닌 '이같은 것'이라는 단수 명사를 쓰고 있다. 아홉 가지나 되는 덕목들이지만 결국 이 모든 것들이 하나가 되어야 진정한 열매가 된다는 뜻인데, 이 아홉 가지를 완성시켜 주는 마지막 열매가 바로 '절제'다. 절제가 안 되면, 나머지 여덟 가지 열매들은 처음부터 다시 거둬야 할지도 모른다.

연애도 우리 삶의 일부분이므로 절제가 필요한 것은 당연하다. 그런데 급한 마음으로는 절제를 행하기 어렵다. 급한 생각만 가지고 연애에 뛰어들었다가는 모든 것을 망칠 수도 있다. 황금알을 낳을 수 있는 거위의 배를 쨴 것이 결국 황금알도 놓치고 거위도 놓치는 결과를 가져온 것처럼.

2

연애를 하는 사람들은 흔히 '우리는 사랑하는 사이이므로 서로에게 모든 것을 허용하거나 모든 정보를 공유할 의무가 있다'고 생각한다. 그래서 그렇게 하지 않는 것은 진짜 사랑하는 것이 아니라고 여기기도 한다.

결혼을 하는 사람들도 마찬가지다. 이제 우리는 부부니까 비밀이 있어서는 안 되고, 서로 생각도 똑같아야 하고, 각자의 친구도 재정 문제도, 그리고 사생활까지도 웬만하면 공유해야 한다고 생각하기 쉽다. 이젠 서로 가릴 것도 없고 내숭 떨 필요도 없다는 것이다.

오랫동안 베스트셀러 자리를 지켰던 『마시멜로 이야기』라는 책을,

회사에 다닐 때 필독서로 읽게 됐다. 한마디로 꾹 참고 미래를 생각해서 노력하며 '절제'하라는 내용을, 소설 형식으로 길게 쓴 책이었다. 사실 이 책의 교훈은 '텔레토비'에게서도 얻을 수 있는 것이었다.

"안녕~ 이제 그만~~."

텔레토비에 대해 많은 논란이 있었지만, 어찌 됐든 TV 앞에 버티고 앉아 있으려는 꼬마들에게 '절제'를 가르친 것 하나만은 인정해 주고 싶다.

연애를 할 때는 상대의 마음을 얻기 위해 성급한 약속을 하거나 대단한 공약들을 날리게 된다. 그러나 이렇게 절제 없는 말과 행동은 결국 부메랑이 되어 자신을 공격하곤 한다. 뒤늦게 성급했던 자신을 돌아보지만 때는 이미 늦다.

새로운 사람과의 관계를 주변에 너무 빨리 공개하거나 가족에게 인사를 시키는 일도 그렇고, 상대에게 자신의 과거나 지난 이야기를 속속들이 들려주고 상대방의 사생활도 다 알려고 하는 시도 역시 성급한 것이다. 빨리 친해지려는 마음에 섣불리 반말을 하기 시작하면, 두 사람 사이에 의견 충돌이 발생했을 때 걷잡을 수 없이 크게 다툴 수도 있다. 이처럼 절세하지 못해서 생기는 부작용은 얼마든지 있을 것이다. 더 갈 곳이 없는 연애는 얼마나 김빠지는 것인가. 무언가 늘 아쉬움으로 남겨 두어야 한다.

3

지나치게 차거나 뜨거운 음식은 그 맛을 잘 알 수 없는 법이다. 그래서 소금을 조금이라도 덜 먹으려면 지나치게 뜨거운 음식을 즐기지 말라고 하는 것이다. 펄펄 끓는 찌개의 국물은 일단 싱겁게 느껴지기 때문에 소금을 자꾸 퍼 넣게 된다. 하지만 조금 식은 뒤에 다시 먹어 보면 엄청 짜다는 것을 알 수 있다. 너무 차가운 음식도 맛을 못 느끼긴 마찬가지다. 서른한 가지 골라 먹는 재미가 있다는 아이스크림 브랜드 창업자의 아들 존 라빈스J. Robbins는, 상속을 거부하고 자연생활로 돌아가 아이스크림 먹지 않기를 권장하는 운동을 벌이고 있다고 한다. 그는 아이스크림을 녹여서 숟가락으로 떠먹어 보라며, 아마 매우, 매우, 매우 달 것이라고 경고한다.

사랑도 똑같다. 너무 깊이 빠져 있을 때는 아무것도 보이지 않고 무엇이든 받아들이지만, 그 사랑이 조금이라도 식기 시작하면 상대의 단점과 현실이 한눈에 보인다. 그래서 서두르는 결혼이 위험한 것이고 섣부른 육체의 허용에 대가가 따르는 것이다. 얼마나 많은 이들이 눈이 멀어 결혼했다가 조금 시들해진 뒤에야 현실을 직시하고 후회하거나 갈라서고 있는지 한번 보라.

그런데 절제는 저절로 되지 않기 때문에 의식적으로 해야 한다. 6·25 때 우리 할아버지가 멀고먼 피난길에서 돌아왔는데, 그 동네에 오랫동안 굶으며 고생한 사람들이 여럿 있었다고 한다. 그들은 집에 돌아오자마자 급하게 밥을 먹었다가 탈이 나서 대부분 며칠 만에 죽었다고 하는데, 우리 할아버지는 미음과 죽으로 시작해 며칠 동안 아주 서서히 식사량을 늘린 결과 목숨을 건질 수 있었다고 한다.

이처럼 우리 몸이 원하는 것은 늘 절제와 거리가 멀다. 그래서 바울도 자기의 영은 하나님을 바라지만 자기의 육신은 늘 죄의 법을 좇는 것에 대해 탄식했던 것 아닌가. 그러므로 하나님과 동행하는 삶에서 육신의 욕구를 참아내는 절제의 미덕은 필수적인 것이다.

커피를 가장 맛있게 끓이는 법에 대해 읽은 적이 있는데, 커피 물은 100도 이상으로 끓인 것을 90도쯤으로 식히는 것이 좋다고 한다. 이 역시 맛을 느끼기 어렵기 때문이리라.

커피는 천천히 마시는 것이다. 뜨거운 커피를 한약 먹듯이 단숨에 들이키려 한다면 입천장을 델 뿐이다. 커피는 그저 한 잔의 음료를 마시는 것이 아니라 향기와 여유, 분위기와 멋스러움을 마시는 것이 아닐까. 인생과 사랑도 그 참된 향기를 느끼려면 조금 식힐 필요가 있다. 그런 절제는 당신에게 아름답고 풍성한 사랑의 열매를 가져다 줄 것이다.

여자가 남자를 떠나는 이유

1

사랑은 유리 같은 것…. 이런 제목의 유행가가 있었다. 아름답게 빛나지만 깨어지기 쉬운 것이 사랑이라는 이야기인데, 깨어진 사랑을 해본 사람이라면 그 말을 바로 이해할 것이다. 수십 년 함께 산 부부도 돌아서면 남보다 더 증오스러운 적이 되고, 어제까지 다정하던 연인도 원수나 스토커가 될 수 있다. 꼭 그런 극단적인 예가 아니더라도, 사랑은 아무리 견고해 보이더라도 유리보다 애처롭고 가냘프다.

 사랑은 마치, 지구의 대기를 보호하는 푸른 기체 오존층과도 같다. 이제는 3밀리미터 이하에 불과한 이 기체는, 우주의 해로운 물질이 들어오지 못하도록 막아 생물의 노화를 늦추고 지구를 보호한다. 이것이 뚫리면 많은 문제가 생긴다. 남반구에 오존층이 뚫리자 호주 등지에서는 피부암과 녹내장 환자가 크게 증가했다.
 다행히 지구촌의 기후 협약과 탄소 방지 프로그램 실천 등의 노력으로 오존층은 현재 거의 회복되었다. 사랑도 이처럼 두 사람이 마음을 모으고 주변에서 도와줘야 잘 유지된다. 얇고 투명한 유리처럼 연약해 보이지만 온 세상을 보호하는 이 기체처럼, 사랑 역시 보이지 않게 두 사람을 지켜준다. 반대로 사랑에 상처가 나고 구멍이 뚫리기 시작하면 걷잡을 수 없다. 뚫리기는 쉽지만 다시 메우기는 무척 어렵다.

2

두 사람이 아무리 다짐을 해도, 상처가 나기 시작하면 손가락 사이로 모래가 빠져나가듯이 연인들을 애타게 하는 것이 사랑이다. 이 과정에서 남자가 변심을 하기도 하지만, 서로 한계에 부딪쳐 무언의 합의 하에 이별하는 경우에는 여자들이 결단하는 경우가 많다. 연약한 여자에게 차마 아픔을 안겨 줄 수 없어서 남자가 망설일 때, 단호히 길을 나서는 여자가 많은 것이다.

여자가 남자보다 힘이 약하긴 하지만, 여자가 정말 연약하기만 한 존재일까? 대개 남자가 힘이 세다지만, 정말로 강한 쪽은 여자다. 수명도 여자가 길고 생존력도 여자가 더 강하다. 어려운 상황에서 '정신줄'을 놓지 않는 쪽은 오히려 여자일 수 있다.

여자는 사랑에 있어서도 무언가에 자신의 애정을 분산시키기보다는 모든 것을 쏟아 붓는 성향이 강하다. 처음에는 남편, 그 다음에는 아이… 그래서 나중에 애정의 대상들이 모두 품에서 빠져나가는 시기가 되면, 극도의 공허함을 견디지 못해 '빈 둥지 증후군'_{보금자리라 여겼던 가정이 빈 둥지만 남고, 주부들 자신은 빈껍데기 신세가 되었다는 심리적 불안에서 오는 정신적 질환}을 앓기도 한다. 모든 것을 쏟은 사람만이 겪는 현상이다.

연애를 하는 동안의 몰입도도 여자가 월등한 것 같다. 여자와 남자가 산책할 때 남자는 주변을 돌아보며 걷는 반면, 여자는 함께 걷는 남자를 보며 걷는 경우가 많다. 그러나 산책이 끝났을 때의 모습은 조금 다르다. 남자는 산책의 여운과 다시 갈 수 없는 그 길에서 쉽게 벗어나지 못하는 반면, 여자는 그 길을 아예 잊은 듯 보인다.

그래서 세상에는 여자의 야속한 마음을 이해하지 못하는 남자들의 노래가 그토록 많은 것이다. 남자의 마인드로는 그런 여자들을 도무지 이해할 수 없다. 사랑했다면서 어떻게 한순간에 다른 얼굴을 할 수 있는지, 새로운 환경에는 또 어찌 그리 빨리 적응할 수 있는지, 알다가도 모를 것이 여자의 마음이라고 남자들은 생각한다.

3

그런데 한편으로는 여자가 강해서 그런 것은 아닌 것 같다. 그럴 수밖에 없을 만큼 여자는 여러 가지에 집중할 수 없는 존재이고, 비슷한 감정 두어 가지를 함께 품을 수 없으며, 주체할 수 없는 감정의 폭풍을 끌어안고는 버틸 수 없는 이들이다. 여자는 사랑할 때 남자보다 더 깊이 빠지고, 더 많이 견디고, 더 소중히 아끼며 더 많은 눈물을 흘린다.

그러나 돌아설 때는 그런 시간들이 무색할 정도로 모든 것을 잊은 듯이 얼굴을 바꾼다. 그 바뀐 얼굴이 남자로서는 너무나 낯설고 이해하기 어렵다. 안톤 체호프^{A. Chekhov}의 단편 『귀여운 여인』은 그처럼 '상황'에 모든 것을 집중하는, 아니 그때그때 처한 삶과 사람에 머물러 있는 여자의 모습을 보여주는데, 그래야만 살아갈 수 있는 여성의 연약함이 고스란히 느껴진다.

아직 마음을 접지 못한 상태에서 여자가 그렇게 돌아서면, 남자들은 착각을 한다. 그녀가 아직도 자기를 어느 정도 마음에 두고 있을 것이라는 생각, 기회가 되면 다시 사랑할 수 있을 거라는 생각, 추억은 서로에게 여전히 아름답다는 생각, 그간 주고받은 말들이 웬만큼 유효할 거라는 생각 등이다. 그러나 이는 상당 부분 착각이다. 남자가 상처받지 않으려면, '미련을 버리고 헤어져야 할 이유 100가지'라도 작성해 하나하나 곱씹으며 이별을 받아들이거나, 아니면 아예 순정남이 되어 한동안 시름시름 앓는 수밖에 없다.

그렇게 두 사람의 공간이었던 곳에 홀로 남았다고 해서 원통해하지는 말라. 그녀는 사실 변심했다기보다, 그 상황을 더 이상 견딜 수 없을 만큼 힘들다는 것이니까. 그녀는 당신 몰래 많이 울었을 것이다. 여자는 남자가 자신을 떠나는 것을 도저히 감당할 수 없어서 먼저 돌아서는 것인지도 모른다.

그러니 여자를 믿지 말라. 아프기 싫다면 여자를 믿지 말아야 한다. 여자를 만날 때마다 의심하고 마음을 다 주지 말라는 뜻이 아니다. 그녀를 사랑하되 조건을 달지 말고, 마음을 나누되 늘 손해를 각오하며, 두 사람이 완전한 조건을 이룰 때까지 보호하고 지켜주라는 것이다.

사람은 본디 믿음의 대상이 아니라, 존중과 사랑의 대상이다. 사람 자체가 사랑만큼이나 깨어지기 쉬운 유리알 같은 존재가 아닌가. 그러므로 여자를 믿지 말라는 것은, 변심의 가능성을 염두에 두고 대처하라는 일차원적 이야기가 아니라, 그만큼 연약하기 때문에 돌아설 때는 모든 얼굴을 바꿀 수밖에 없는 존재가 여자이니 있을 때 잘 지키라는 말이다.

진정으로 사랑했던 여자가 어느 순간 낯선 사람처럼 돌아선다 해서 독하다고 욕할 필요도 없고, 예전의 사랑까지 소급해 모두 거짓이라며 절망할 필요도 없다. 어쩌면 냉정하게 돌아선 만큼 그 사랑이, 그대로는 도저히 견딜 수 없을 정도로 삶의 커다란 부분이었을지 모른다. 그러니 곁에 있는 여자를 믿기보다는 아껴주라. 그리고 그녀가 떠난 뒤에는 함께했던 시간의 사랑을 의심하지 말고 그대로 믿어주라.

금단의 열매, 그 뒷맛은 쓰다

1

고정관념을 깨라는 이야기, 많이 들어보았을 것이다. 틀에 박힌 생각을 깨는 것은 일단 좋은 일이다. 그러나 마땅히 깨져야 할 관념과 아집, 선입견 등이 깨져야지, 깨져서는 안 될 가치들마저 진부한 고정관념 취급을 받아 난도질당하고 깨뜨려진다면 큰 문제가 아닐 수 없다.

언젠가 라디오 음악방송에서 어느 DJ가 '고정관념을 깨는 사고'에 대해 이야기해 보자며 이런 주제를 제시했다.

"흥부와 놀부 중에서 누가 옳다고 생각하는가?"

흥부는 착한 사람, 놀부는 못된 사람이라는 전통적인 선악 구도를 다시 한 번 생각해 본다는 것 자체가 고정관념을 깨는 시도였는데, 많은 청소년과 젊은이들이 전화를 걸어 자기 생각을 털어놓았다. 한쪽은 선악에 대한 전통적인 논리 아래, 제비 다리를 고쳐 주었고 형님을 원망하지 않았기에 흥부가 착한 사람인 반면, 놀부는 동생을 나 몰라라 하고 제비 다리를 일부러 부러뜨렸으며 욕심이 많기에 못된 사람이라고 했다.

한편, 고정관념을 거부하는 놀부 지지파들은, 절약정신이 투철한 놀부가 자기 가족을 위해 재산을 알뜰히 모았기에 착한 사람이라고 주장했다. 어쨌든 능력이 있다는 거다. 반면에 흥부는 무능하고 게으르고 무책임하여 애만 많이 낳아 가족들을 고생시키고, 형에게까지 부담을 주었으며 끝까지 남의 도움으로 큰 보화를 차지하게 되었다는 것이다.

이런 것이 상대주의적 시각이다. 처음의 옳고 그름은 사라지고 자기 기준에 옳은 것이 정답이 돼버리는 위험한 사고이다. 기존 동화의 주인공들을 다시 보는 관점 뒤집기가 한때 유행했었다. 물론 지금은 이 모든 현상이 하나도 이상할 것 없는 것으로 받아들여질 정도이다.

그런데 그런 것이 고정관념을 깨는 앞서가는 사고일까?
이런 사고방식에는 자기가 보고자 하는 것만 취하는 맹점이 있다. 이것은 궁극적으로 사탄의 속삭임이다. 왜냐하면 우리의 원수가 하와에게 "동산의 모든 나무에서 나는 것을 먹지 말라, 하시더냐?"라고 반문했던 것처럼, 하나님의 말씀을 그대로 믿고 행하려는 우리가 스스로에게 속아 죄를 범하게 되는 함정이 숨어 있기 때문이다.

아무리 변호한다 해도 놀부는 악인의 그림자다. 사탄은 악의 결정체인 자신을 의의 사도이자 광명의 천사로 가장하여 사람들에게 파고든다. 그러면서 고정관념을 깨라고 속삭인다. 어떻게 항상 악인은 악역만 하고 선한 자는 선만 행할 수 있느냐고 부추기는 것이다. 마음

착한 살인자도 있고, 못돼먹은 자선사업가도 있지 않느냐고 우리에게 반문한다.

이것이 세상의 철학이며 '도덕적 상대주의'다. 항상 악한 자도 없고 항상 선한 자도 없다는 것. 한마디로 내가 악하다고 생각하면 악한 것이고 내가 선하다고 믿으면 선한 것이다. 여기에 절대적인 기준은 필요치 않다.

이런 현상은 현대의 모든 문화에 녹아 있다. 포스트모더니즘은 모든 관념에 물음표를 던지는 것이다. 이는 모더니즘, 즉 계몽주의와 합리주의를 표방하는 이성 중심주의 이후의 관념으로, 여기에는 내가 좋으면 그만일 뿐 이유도 없고 설명도 없다. 흥부는 선, 놀부는 악이라는 이분법적 사고를 해체하는 것이다. 또한 진화론은 하나님으로부터 창조된 인간의 존엄성보다는 약육강식 적자생존의 우성과 열성 개념을 합법화하여, 잘나면 다 용서된다는 '관점의 혼란'을 가져왔다.

이런 관념들이 신앙과 교회 안에 들어오면 일반적인 철학의 관점으로 모든 것을 설명하려는 시도를 하게 된다. 나아가 가룟 유다의 인간적 고뇌를 옹호하거나 가인과 아벨의 이분법적 구도를 인간의 관점에서 재해석하는 시도까지 하게 된다. 그러나 우리가 절대 잊지 말아야 할 것은, 우리의 관점이 중요한 것이 아니라는 점이다. 모든 것은 하나님의 관점에서 보아야 한다. 설령 이해가 가지 않고 마음에 안

든다고 해도 절대적 가치를 흔들어서는 안 된다는 이야기이다.

3

여자들이 가끔 하는 이야기 중에 '착한 남자는 매력 없다'는 말이 있다. 남자가 너무 착해 빠지거나 바른생활 위주로 살면, 왠지 싱거워 보이고 긴장감이 떨어져서 연애하는 재미가 없다고도 한다. 그래서 '범생이' 같이 용모 단정하고 품행이 바른 남자보다는 사악한(?) 카리스마를 지닌 채 자기 멋대로 행동하는 남자에게 여자들이 더 모이기도 한다. 이는 정말 잘못 생각하는 것이다.

인간에게는 죄성이 있기 때문에, 죄인줄 알면서도 따라가거나 아예 죄라는 생각조차 못하고 끌려가는 부분이 있음을 간과해선 안 된다. 늘 보암직하고 먹음직하고 탐스러워 보이는 것을 따라가다 보면 잘못된 선택을 하게 되는 법이다.

사탄은 세상의 모든 관념을 뒤섞어 엉망으로 만들었고 우리는 그것을 알게 모르게 용납해 왔다. 그래서 지금 우리는 그 대가를 치르고 있다. 잘못된 관념을 용납하는 사람은 그만큼의 대가를 치를 수밖에 없다.

금지된 장난은 재미있고 금단의 열매는 더욱 맛있어 보인다. 우리는 착한 사람은 우습게 보고, 뭐든 제멋대로인 사람에게 끌려 스릴을 느낀다. 그러나 그 한 번의 잘못된 선택 때문에, 온 인류가 하나님에게서 멀어져 이토록 험난한 삶을 살고 있다.

4

당신이 찾고 있는 이성은 어떤 사람인가? 마음에 갈등을 느끼게 하고 선택의 기로에서 고민하게 하는 사람들은 어떤 이들인가? 마음에 둔 그 사람은 다소 재미가 없어도 하나님의 뜻에 충실하려는 사람인가, 아니면 반항기가 넘치는 인간적 매력을 지닌 사람인가? 착한 사람의 내면에 있는 하나님의 본성은 외면한 채 눈에 보이는 카리스마에만 관심을 두거나, 자신의 관점을 하나님 앞에서 철저히 굽히지 않는 사람은 머지않아 그 대가를 치르게 될 것이다.

내 맘에 드는 것은 독이 될 수 있지만 하나님의 뜻에 합당한 것은 실패하지 않는다. 당신의 이성관과 세계관을 말씀에 고정하라. 하나님이 빠진 "Why not?"은 세련된 것도 앞서가는 것도 아니다.

나쁜 남자는 뚜껑 없는 맨홀이다

1

　나쁜 남자가 인기 있다는 이야기를 자주 듣는다. 이는 물론 장난기가 섞인 농담이기도 하지만, 실제로 여성들은 인간미가 쉽게 느껴지지 않는 이기적인 남자들에게 매력을 느끼는 경향이 있는 것 같다. 실제로 착해빠진 남자 옆에는 여자가 없어도, 그리 모범적이지 않은 삶을 사는 남자들 곁에는 여자가 있는 경우를 많이 본다.

　그렇다면 대다수의 여자들이 진짜 나쁜 남자를 좋아한다는 말인가? 이것은 사실 수긍할 수 없는 이야기이고, 수긍하고 싶지 않으며, 수긍해서도 안 될 것 같은 말이다. 이왕이면 착한 남자를 사귀어야지, 왜 굳이 나쁜 남자를 가까이한다는 말인가. 세상의 어느 부모도 자기 딸이 나쁜 남자와 만나는 것은 원치 않을 것이다. 여성들 본인도 나쁜 남자와 평생 엮이고 싶지는 않을 것이다.

　그러나 그럼에도 불구하고, 이런 현상이 분명히 있음을 우리는 부인할 수 없다. 왜 그럴까. 여성들의 마음을 정확하게는 알 수 없으나 남자의 입장에서 바라본 원인은 이렇다.

2

　가장 먼저 떠오르는 전제는 인간의 죄성이 아닐까 한다. 사람은 누구나 따분하고 조용하고 완만한 것보다는 현란하고 변화무쌍하며 뭔가 금기된 것을 맛볼 때 쾌감을 느낀다. 물론, 거룩하고 착하고 바른 것을 따라가고자 하는 속성도 있지만, 육신을 입은 동안은 부정적인 것에 끌리는 것이 사람의 본능이라 하겠다.

　일단 나쁜 남자는 늘 긴장감을 준다. 예측한 대로 행동하지 않고 제멋대로 행동한다. 이런 부분 때문에 더욱 스릴을 느끼며 만날 수도 있지만 다툼이 잦거나 오해가 생겨 티격태격할 확률도 높다. 이렇게 밀고 당기고 묶었다 풀었다를 반복하다 보니, 그와의 한 달은 마치 조용한 남자와의 1년 연애와 맞먹는 듯한 느낌이 든다.
　이런 남자는 자신에게 계속 신경을 쓰게 해 여자를 미지근한 상태로 두지 않는다. 그러다 보니 깨질 때 깨지더라도 여자들의 마음에 뚜렷하게 남게 되는 것이다.

3

　어떤 의류광고에서 남녀가 슬픈 이별을 하는데, 여자가 울며 돌아서자 남자도 괴로워한다. 그런데 남자의 머릿속 생각은 의외의 것이었다.
　"내일 뭐 입지?"

이별을 하는 당사자의 입장이 아니라면, 이런 남자를 파렴치한으로 생각하기보다 솔직하다거나 인간적이라고 여길 것이다. 분명 잘못된 일인데도 제대로 판단하지 못하는 것은 생각의 기준이 선에 맞춰져 있기보다는, 오히려 다소 악한 것에 매력을 느끼는 경향이 있기 때문이다.

또한 나쁜 남자에게는 남성적인 느낌이 있다. 좀 까다롭지만 강한 리더십 같은 것도 느껴진다. 그래서 여자는 보호본능을 일으키는 귀여운 남자도 좋아할 수 있지만 원초적으로 나쁜 남자에게 끌리는 것이 아닐까 싶다.

사람은 누구나 쉽게 이루어지는 것에는 큰 흥미가 없다. 소개팅에 나갔는데 상대가 침을 흘리며 또 만나자고 하면, 그에게 첫눈에 반하지 않은 이상 흥미는 뚝 떨어진다. 별 말 없이 약간의 아쉬움 속에 헤어졌다가 며칠 은근히 신경을 쓰고 있는데 연락이 오면 괜히 더 반가운 법이다.

여자들은 말한다. 나 좋다고 턱을 괴고 바라보며 틈만 나면 잘 보이려 공들이는 남자보다는 내가 확 끌릴 수 있는 사람이 나타났으면 좋겠다고 말이다. 여자는 결혼까지 가든 안 가든, 그 남자가 자신을 화끈하게 끌어주길 기대한다.

이런 모습은 착하고 성실하며 여자의 마음을 잘 배려하는 신사적인 남자에게는 없다. 그들은 자신감이 없거나 자신감을 가질 만한 요소를 지니지 못해 대개 우유부단하며, 감나무 밑에서 입을 벌리고 누워서 감에게 빨리 자기 입 속으로 떨어져 달라고 텔레파시만 보내고 있는 경우가 많다.

반면에 나쁜 남자는 누워 있기는커녕 나무를 흔들거나 발로 차는 등 가만히 두질 않는다. 심지어 감이 땅에 떨어져 못 먹게 되는 한이 있어도 줄기차게 붙잡고 흔들어댄다. 그러니 나무에 달린 감인 여자는 어떤 인간에게 몰두하게 되겠는가. 욕을 하면서도 시선이 가는 것이다.

물론 이것이 연애의 성공비법이라는 것은 아니다. 천성적으로 착하거나 연애가 서투른 사람이 적극적으로 나서면, 오히려 일을 괴상하게 만들어 돌이킬 수 없는 결과를 초래할 수도 있다.

5

이기적인 마음은 나쁜 남자의 기본 덕목(?)이다. 나쁜 남자는 자기밖에 모르는 편이고, 자기 위주로밖에는 생각을 잘 못한다. 그게 왜 잘못됐는지도 모르고 자신의 이기적인 면을 적극적으로 표현하며 때로는 투덜거리기도 한다. 그런데 여자는 남자의 그런 이기적인 면을 질타하면서도 이끌리게 된다. 한쪽이 맞춰주지 않으면 그 관계는 유지되기 어렵기 때문이다.

　무엇보다 여자 입장에서 이런 모습이 꼭 싫지만은 않은 것은, 남자의 이기적인 면을 통해 오히려 그의 연약함을 발견하고 그를 동정하기 때문이다. 그 남자는 그렇게 하지 않으면 견딜 수 없는 약한 사람이라는 것이다. 그리고 자신의 약한 모습을 감추기 위해 더 이기적일 수밖에 없는 사람이라고 생각하는 것이다. 그를 사랑하니까.

　사람은 다 죄인이지만, 사실 밑바닥까지 사악해서 이기적으로 행동하는 사람은 거의 없다. 그저 자신의 상처와 연약함 또는 그런 것을 두려워하는 심리적 방어기제 때문에 이기적으로 행동하는 경향이 생기는 것이다. 그렇기 때문에 옆에서 이런 것을 감지한 여자는 연인을 미워할 수 없게 된다.

　영화 〈엽기적인 그녀〉의 주인공 여자도 자기 멋대로 행동하고 뒤도 돌아보지 않는 캐릭터로 등장하는데, 결국 그 이유도 그녀의 상처 때문이라고 영화에서는 말하고 있다. 자기 멋대로 떠나버리는 그런 나쁜 여자였지만, 사랑하는 남자 입장에서는 결코 그녀를 비난할 수 없었을 것이다.

　한편, 나쁜 남자의 의외의 연약한 모습은 평소의 이기적인 모습과 대비되어 여자의 모성애를 불러일으킨다. 강한 척하는 남자의 눈물 한 방울은 여자의 마음에 훨씬 깊은 흔적을 남기며, 그간의 모든 이기적인 모습들까지도 다 감싸주고 싶게 하는 마력이 있다.

비는 오는데 혼자 있는 여자친구에게 우산은 없고, 여자친구의 주변에는 남자들밖에 없다. 그럴 때 착한 남자는 주변 남자들에게 부탁을 해서라도 지하철까지라도 데려다 달라고 하는 반면, 나쁜 남자는 여자친구가 다른 남자와 같이 우산을 쓰는 건 싫으니 비를 맞더라도 혼자 신문지 뒤집어쓰고 가라고 하는 식이다. 이는 물론 나쁜 남자의 질투 때문이고 소유욕 때문이다. 그러나 사랑에 빠진 여자는 그가 그만큼 자기를 사랑하는 거라고 생각하거나, 작은 질투심도 견디지 못할 만큼 그 속은 연약한 사람이라고 이해한다. 그래서 여자 입장에서는 그런 억지스런 요구도 들어주고픈 마음을 갖게 되는 것이다. 아니, 어쩌면 그렇게 해주지 않을 경우 또 한바탕 다툼이 날 수 있기 때문에 어쩔 수 없이 들어주는 것인지도 모르겠다. 나쁜 남자는 한마디로 피곤한 남자다.

6

나쁜 남자는 비굴하지 않다. 늘 큰소리를 치고 매사에 당당하다. 원하는 것을 가지지 못할지라도 고개를 숙이는 일은 적성에 맞지 않는다. 이런 점 역시 여자에게는 매력적으로 느껴질 수 있다. 이 험한 세상을 헤쳐 나갈 수 있는 사람인지 나를 책임질 수 있는 사람인지 살펴보는 것이 어찌 보면 연애다. 그런데 비실비실하거나 비굴한 남자는 일단 심약해 보이고 자존심도 능력도 없어 보여서 여자 입장에서는 늘 불안하다.

 나쁜 남자에게는 욕심이 있다. 정말 안 되겠다 싶으면 비굴하게나마 여자에게 애원할 정도로 승부욕과 집착이 강하다. 여자에게 차이는 것은 그의 인생에 있어서는 안 될 자존심 상하는 일이다. 그래서 끝까지 붙잡아 본다. 그러면 여자가 다시 그에게 마음을 주는 경우가 많다. 나쁜 남자의 승부욕은 연적에게도 똑같이 드러난다. 그는 적당히 맘에 드는 여자라도, 그 앞에 경쟁자가 나타나면 일단 이기고 싶어진다. 그래서 자신의 열정을 불태워 여자를 차지하려고 하는 것이다.

 그렇다면 나쁜 남자와 평생을 함께하는 것은 바람직할까?
 그것은 그렇지 않다고 생각된다. 왜냐하면 나쁜 남자에게는 깊은 중심이 없기 때문이다. 그는 장기적인 사랑에 익숙하지 않고 대단히 즉흥적이다. 그는 연애에 발 빠른 감각을 자랑하지만, 진지함이 결여되어 있고 결혼과 가정생활에 어울리지 않는 야생마 같은 기질도 가지고 있다. 결혼은 스릴이 아니며, 부부의 동거는 마냥 설레는 소꿉놀이가 아니다. 여자에게 그런 남자를 길들일 수 있는 능력이 없다면 바람직한 결혼생활은 기대하기 어렵다.

그러므로 당장 재미가 없어도 속 깊은 남자를 택하라고 권하겠으나 그것도 그리 쉬운 일은 아닐 것이다. 끌림이 없는데 사랑에 빠지기는 어려우니 말이다. 그래서 나쁜 남자에게는, 그를 받아줄 만큼 바다같이 넓은 마음을 지닌 여자 아니면 보다 영리한 조련사가 될 수 있는 여자가 적절하다.

간혹, 자기가 나쁜 남자를 길들일 수 있을 거라고 생각하는 여자들이 있다. 그러나 그것은 착각이다. 나쁜 남자는 만나지 않는 것이 상책이다. 천성을 바꾸고 길들이는 건 사람이 할 수 있는 일이 아니다. 결혼 전에 어느 정도 바뀐다면 또 모르지만 그건 거의 불가능하다고 할 수 있다. 여자들은 드라마나 매스컴이 만들어낸, 그저 멋있어 보이는 나쁜 남자를 무작정 좋아할 것이 아니라 신중하게 고민하고 살펴야 한다. 스릴과 긴장, 퍼포먼스로 평생을 살아가는 것은 아니기 때문이다.

나쁜 남자는 꽤 매력적이고, 드러나는 장점이 많은 사람이다. 그러나 그만큼 내면의 장점은 적다고 할 수 있다. 여기서 단순히 이미지로서의 나쁜 남자가 아닌 진짜 나쁜 남자는 반드시 피해야 한다. 최소한 '나쁜 남자'와 '나쁜 놈'을 구분할 수 있는 눈이 여자들에게 있어야 한다.

그럼에도 불구하고 나쁜 남자가 좋다면, 그가 변화될 수 있도록 함께 인내하며 기도할 수 있는 여자가 되어야 한다. 아니면 그를 있는 그대로 받아들일 수 있는 사람이 되는 수밖에 없다.

콘크리트도 두드리고 디더라

1

여자들이 신랑감을 신중히 고르는 이유는 당연히 '남편 하나 잘못 만나면 인생 망친다'고 생각하기 때문일 것이다. 오랜 세월을 함께 보내야 하는 대상을 고르는 일이니 이는 두 말할 필요도 없이 중요한 일이다.

그런데 요즘은 연애만 잘못해도, 남자친구 하나만 잘못 만나도 신세를 망치는 수가 있다. 이른바 '데이트 폭력'이라고 하는 문제가 심심찮게 보도되고 있는데, 사귀던 남자에게 집착, 스토킹은 물론 폭행과 감금, 협박에 이어 살해까지 당하고 있다. 물론 극단적인 사례들이라 모두 일반화시키기는 어렵다. 하지만 누구에게나 일어날 수 있는 일임은 분명하다.

20년 전 일이긴 하지만, 직장상사 한 분이 어느 날 회사에서 전화 한 통을 받았는데, "뭐!!!" 하고 고함을 지르며 자리에서 벌떡 일어나는 일이 있었다. 치정 때문에 여동생이 한 남자에게 살해를 당했다는 연락이었다. 결코 먼 나라 이야기가 아니다.

데이트 폭력이란, 남녀 간의 사랑이 애증이 되어 상대에 대한 소유욕을 절제하지 못해 상대의 정신과 육체를 해치는 것을 말한다. 말로는 상대의 마음을 돌이킬 수가 없고 그렇다고 그 사람을 다른 사람에게 보낼 수는 없기에, 협박과 구걸 끝에 결국 무력을 행사하는 것이다. 그래서 인내심이 있는지, 얼마나 진지한지, 가치관은 건전한지 등 할 수 있는 대로 상대를 꼼꼼히 살펴야 한다. 사람은 어디까지나 사람으로 봐야 한다.

이렇게 남자를 잘 선택하는 것도 중요하고 그의 인품을 신뢰하는 것도 필요하지만, 사귀면서 속도를 잘 조절하는 것도 유념해야 한다. 한마디로 몸과 마음을 너무 쉽게 허용해선 안 된다는 말이다. 남자가 던지는 감언이설에 쉽게 속아 넘어가는 여성들을 보면, 겉으로는 서민을 위한다면서 마음은 온통 부자들에게 가 있는 정치인을, 분별없이 찍어주는 어리석은 유권자들 같다.

'어리석은 남자들은 여자를 정복할 때까지만 열광한다'는 말처럼, 남자들은 여자를 소유하기 전까지는 자기 마음을 제대로 알지 못한 채 무작정 돌진하고 본다. 그러니 연애 초반 남자의 고백이나 행동은 대부분 본심과 거리가 있다고 보는 것이 좋다.

2

지금은 세상에 없는 사람이지만, 한 친구가 군대에 있는 동안 연인을 잃게 된 일이 있었다. 군 복무 기간에 이미 연인과의 관계가 소원해졌는데, 제대한 후에 여자가 그만 만날 것을 요구하자 크게 흥분한 그

친구는 관계 회복을 위해 갖은 방법을 다 썼다. 하지만 아무런 소용이 없자, 남자는 남의 차를 몰고 가다가 앞차를 들이받아 버렸다. 실수가 아니었다. 그는 사고 후 여자에게 전화를 걸어 "내가 지금 다른 차를 받았다"고 말했는데 여자가 이유를 묻자 이렇게 대답했다고 한다.

"내가 지금 무지 열 받았고, 내가 얼마나 강한 사람인지 보여주고 싶었어."

정신병자 이야기가 아니다. 평범하던 사람이 이성을 잃고 변한 이야기다. 이에 여자는 너무 황당하고 소름끼쳐서 그 남자를 더욱 멀리했다. 그 후로 남자는 점점 이상해졌고 이성을 정상적으로 만날 수 없는 사람이 되고 말았다. 어떤 사고를 칠지 알 수가 없으니 여자들이 그를 멀리하는 것도 이상한 일이 아니었다.

내가 다니던 학교에 유아교육과 여학생을 짝사랑하던 구두미화원이 한 명 있었는데 (그 여학생이 만나 준 적이 있는지는 모르겠지만) 자주 학교에 찾아와 공개적으로 그 여학생을 부르기도 하고 귀찮게 했던 모양이다. 어느 날 강의실 밖이 시끄러워 나가 보니 큰 사고가 있었다.

또 다시 찾아온 그 남자가 온몸에 휘발유를 뿌리고 담장 벤치 옆에서 여학생을 불렀는데, 여학생이 안 나오자 몸에 불을 붙인 것이었다. 그런데 처음부터 몸에 불을 붙이려던 것은 아니었다. 몸에 기름을 부은 다음 손에 든 성냥에 불을 붙이고 "안 나오면 진짜 불붙인다!" 하며 여학생을 부르던 과정에서 손이 뜨거워 짧아진 성냥을 땅에 버렸는데, 몸에서 흘러나와 바닥에 흥건했던 기름에 불이 붙어 몸까지 옮겨 붙은 것이었다. 협박만 하려다 실수로 분신까지 하게 된 셈이었다.
 구급차가 달려왔고 남자는 병원으로 실려 갔지만 결국 전신화상으로 죽었다고 들었다. 아까운 목숨을 이렇게 흘려버릴 수 있을까…. 그 여학생은 또 얼마나 큰 충격과 상처를 받았을까.

3

 이 시대는 진지함이 너무 결여돼 있다. 한쪽에서 데이트 폭력으로 여성들이 다치고 죽어나가도 내 일이 아니면 감각이 없다. 자기 자신이 너무 소중해서 옆 사람의 불행을 막는 일에 시간과 에너지를 들이려 하지 않는다. 그래서 그 피해가 고스란히 이 사회로 되돌아오고 있다.
 스토킹이나 데이트 폭력, 성폭력 등이 많아지면 그에 따른 대책을 세워야 하며, 그것이 단순히 처벌 수위 조절로만 해결되지 않음을 인정하고 사회 전반의 의식 수준을 개선해 나가야 한다. 물론 하나님의 법과 질서가 아니고서는 끝까지 악한 길로 갈 수밖에 없는 존재가 인간이라지만, 그래도 그 속도를 늦출 수 있는 도덕적 결단과 건전한 문화에 대한 의지와 욕구라도 있어야 한다.

 TV의 한 채널에서 데이트 폭력으로 살해당한 여성의 이야기가 뉴스로 나오는데, 또 다른 채널에서는 한 남자 가수가 악을 쓰며 "죽을

래 사귈래"라는 노래를 부르고 있고 사람들은 이에 열광하고 있다. 이는 사회에서 일어나는 모든 일이 크든 작든 모두의 공동 책임임을 보여주는 단면이다. 궁극적으로 돌이켜 근본적인 철학을 바꾸지 않는 한 인간에게 희망은 없다. 그래서 앞으로도 데이트 폭력을 비롯한 모든 종류의 악한 일은 우리에게 끝없는 대가를 요구할 것이다.

젊은 베르테르는 숭고하지 않다

1

십여 년 전에 국내 최고 기업의 회장 가문에서 자살 사건이 있었다. 회장의 막내딸이 그 주인공이었다. 애초에 교통사고로 알려졌지만 그 내막은 정황상 자살인 것으로 드러났다. 자세한 스토리는 알 수 없으나 그녀는 집안의 반대를 무릅쓰고 평범한 남자와 교제 중이었던 것으로 알려졌다.

그런 사랑의 괴로움 때문에 자살했는지는 모르겠지만, 많은 부분에서 작용했을 거란 예상 정도는 해 볼 수 있다. 그 기업의 핵심부에서 일했던 어떤 이는, 그 가문에서 가장 싹수 있는 인간다운 젊은이였다며 안타까움을 내비치기도 했다.

요즘도 이런 일이 드물지 않다. 앞길이 창창한 젊은이가 스스로 목숨을 버린다는 것은 대단히 안타까운 일이고 그 가족들의 가슴에 엄청난 대못을 박는 일이다. 그러나 한편으로는, 오죽하면 그렇게까지 했을까 하는 생각도 든다.

사랑 때문에 자신의 목숨을 버리는 것, 세상적으로 보면 찬반양론이 있을 것이다. 자살을 했다는 것 자체에도 역시 마찬가지일 것이다.

2

파트리크 쥐스킨트Patrick Suskind의 『좀머 씨 이야기』에 나오는 주인공은 어린 시절 누구나 겪는 사소한 일들에 상처를 받고 자살을 결심한다. 그는 자기가 죽은 이후에 사람들이 안타까워하며 후회할 것을 상상해 본다. '좋은 친구였는데…', '더 잘해 줄 걸…' 등등.

이렇듯 자살은 하나의 커다란 의사 표현이다. 특히 사랑을 이유로 하는 자살은, 사랑했던 상대와 그 사랑이 괴로울 수밖에 없도록 만든 이들에 대한 깊고 치명적인 공격이다. 전태일과 같은 이가 목숨을 끊음으로 인해 노동자들의 인권이 주목받게 된 것처럼, 자살을 통해 사랑하는 이에게 자신의 크나큰 사랑을 알리고, 변심한 연인에게는 자신이 얼마나 깊이 사랑했는지 또 얼마나 많은 상처를 입었는지 큰 소리로 웅변하는 것이다. 그 사랑을 반대했던 이들이나 이별하도록 만든 장본인은 큰 심적 부담을 안게 될 것이 분명하다.

그러나 그런 이유만으로 자살을 감행하기는 어렵다. 이 모든 것을 넘어 사랑의 아픔이란 깨어 있는 것 자체가 고통이기에, 고통뿐인 시간을 스스로 정지시키는 것 외에는 다른 방도가 없었기 때문이 아닐까. 어쩌면 그 사람의 입장이 돼보지 않고는 그 어떤 책망과 부추김도 무의미할지 모른다.

3

자살이 유행하는 때가 있다. 1930년대 헝가리에서 발표된 레조 세레스Rizso Seress의 "글루미 선데이"를 연주한 오케스트라 단원들과 작곡자를 포함해서, 음악을 들은 이들 187명가량이 8주 만에 자살하자 그 노래는 금지곡이 되었다고 한다. 전쟁 중이라는 암울한 상황과 시대적 배경도 큰 원인이었겠지만 자살은 이처럼 전염성이 있다.

괴테가 실연의 아픔을 경험하고 단기간에 써내려간 『젊은 베르테르의 슬픔』이 발표되었을 때도 자살이 유행했었다고 한다. 자살을 미화시키는 문화 역시 자살률을 높이는 요인이 된다. 자살을 부추기는 커뮤니티는 물론이고, 동반자살로 다음 생애를 기약하는 〈번지점프를 하다〉와 같은 영화, 또는 〈사의 찬미〉의 주인공 가수 윤심덕의 자살 등이 바로 그런 예라고 할 수 있을 것이다.

한편, 자살한 사람은 모두 지옥에 간다는 말에는 약간 어폐가 있다. 하나님의 전적인 은혜로 이루어지는 '구원'은 받는 순간 천국을 소유하는 것이지, 재차 번복되는 것이 아니기 때문에 자살했다고 무조건 지옥에 간다는 말은 성경적이지 못하다. 또한 자살 결정 이후 숨이 끊어지는 순간까지 그 사람에게 어떤 심경 변화와 회개가 있었을지 아무도 모르기 때문에, 죽은 이가 어디로 갔다 함부로 말할 수 없는 것이다.

4

절망은 과연 죽음에 이르는 병이다. 사랑에 절망한 사람이 맞닥뜨리는 것은, 정확히 흘러가는 시간에 몸이 쓸리고 아픈 기억 속에서 매일 아침 깨어나는 것뿐이다. 이런 상황에서 죽음은 매혹적인 손짓인 것이다. 스스로 시간을 정지시킬 수 있는 유일한 수단이니 말이다. 그러나 많은 현자들은 자살을 미화시키지 않는다.

생텍쥐페리는 『인간의 대지』에서 어느 자살한 청년에 대해 이렇게 말했다.

"그가 어떤 사랑의 괴로움으로 인해 자기 심장에 총알을 박았는지 기억나지 않는다. 어떤 문학적 유혹 때문에 그 손에 흰 장갑을 끼었을지도 모른다. 다만 나는 이 애처로운 광경 앞에서 숭고하다는 인상을 받지는 못했다. 그렇게도 사랑스러운 얼굴 뒤 두개골에는 아무것도 없었던 것이다. 아무것도…. 다른 소녀들과 똑같은 한 소녀의 모습 밖에는."

그의 사랑이 하찮고 가치 없었다는 것이 아니다. 어떤 이유에서건 생명을 내던지는 일은 옹호 받을 수 없는, 절대적인 선을 넘어선 행위라는 뜻이다. 작가는 이어서 종살이 같은 삶을 저주하기도 했던 어느 보잘것없는 정원사의 죽음을 이야기한다.

"자기가 아니면 지구의 나무들이 다 죽기라도 하는 듯이 열심히 땅을 갈고 나무를 심었던 정원사. 그에게도 고통과 함께 죽고 싶은 순간도 있었을 것이다. 그러나 그에게는 고통을 승화시키는 노동이 있었다. 묵묵히 그것을 해내면서 더 크고 원대한 사랑으로 지구와 자연과 모든 것에 연결돼 있었다."

그래서 생텍쥐페리는 그를 멋진 낭비자이며 진정 위대한 영주라고 말한다.

고통도 삶의 일부다. 빵의 크림이 든 부분만 골라서 먹는 것은 어린아이 때나 하는 일이다. 죽고자 하는 의지로 살라거나, 사랑은 다시 또 찾아온다거나, 겨울이 지나면 봄이 온다는 식의 위로와 충고, 경고는 사랑의 아픔을 잊고픈 자의 마음을 온전히 달래줄 수 없을 것이다. 그러나 분명히 기억해야 할 것이 있다. 마음대로 태어나거나 마음먹은 대로 살 수 없듯이, 그리고 수명을 늘이거나 원하는 때에 죽을 수도 없듯이, 인간의 생명은 스스로 저지할 수 없다. 생명은 역사와 시간처럼 명백한 하나님의 영역이기 때문이다. 육신이 멈춘다 해도 영혼이 분리되는 것뿐, 사람은 아주 죽는 존재가 아니다. 고로, 자살은 하나님 편에 선 생각이 아니라 마귀의 속삭임일 수밖에 없다.

살고자 하는 이에게는 반드시 살 길을 열어주시는 하나님임을 믿고 도움을 요청하라. 사람들에게도 구조를 요청하라. 반드시 살 길이 있을 것이다. 사랑은 삶의 중요한 부분이지만 결코 전부가 아님을 잊지 말아야 한다.

난 정말 그를 사랑하는 걸까?

1

어떤 사람을 사랑하는 것 같기도 하고 아닌 것 같기도 하고, 이런 문제로 고민하는 이들이 가끔 있다. 이런 경우, 나이나 시기상 지금쯤이면 연애를 좀 해줘야 하는데…하는 필요 때문에 적당한 대상과 만나며 탐색전을 벌이고 있거나, 크게 나쁘지 않으니 버리기는 아까워서 계륵을 쥔 심정으로 그냥 적당한 거리의 관계를 유지하고 있는 케이스가 많을 것이다. 또 어느 정도 가까워져서 공식 연인으로 지내지만 가끔 자신이 그 사람을 정말 사랑하는지 생각해 볼 때 멍해지는 경우도 있을 수 있다.

몇몇 연예인 커플들을 보면, 열애 사실을 공개하며 집중 조명을 받았다가도 몇 개월 혹은 한두 해 만에, 서로 스케줄이 바빠 관계가 소원해졌다는 판에 박힌 이유를 들며 결별하기도 한다. 반면 또 어떤 연예인들은 사랑을 시작하면, 당분간 공식 활동을 접거나 가장 화려한 조명을 받는 그 자리를 아예 미련 없이 떠나기도 한다. 물론 남자는 돈을 벌어야 한다는 부담에서 자유로울 수 없다 보니 그런 케이스는 대개 여자였다. 일에 대한 아쉬움이 전혀 없지는 않겠지만 그토록 기다리던 진짜 사랑을 만났기에 떠날 수 있는 것이다.

2

사랑에 대해 애매할 때, 내가 정말 그 사람을 사랑하는지 헷갈릴 때는 자기 보물이 움직이는 곳을 보면 된다. 성경에서도 "너희 보물이 있는 곳에, 거기에 너희 마음도 있으리라"고 했다 마 6:21. 누군가를 사랑하면 자기가 할 수 있는 선에서 돈과 재물을 아끼지 않게 되는 것이 바로 이 때문이다.

그리고 또 한 가지 척도가 있는데, 그것은 시간이다. 시간은 그것의 길이와 내용으로 그 가치를 가늠할 수 있다. 사람은 나이와 환경, 선호도 등에 따라 시간의 길이를 전혀 다르게 느낀다. 교장선생님의 훈화나 민방위훈련의 정신교육은 한 시간도 지루하지만, 재미있는 영화는 세 시간이 후딱 지나가는 것 같다. 수치상 같다니까 같은 거지, 사실 그 두 종류의 시간은 완전히 다른 것이다.

연인과 함께 있을 때는 시간 가는 줄 모르고 즐겁지만, 다투고 나서 각자 지내며 속이 상하고 답답할 때는 하루하루가 무척 지루하고 괴로울 것이다. 사랑하는 사람과 있는데도 하품을 하고 시계를 들여다보거나 다른 것에 눈길을 준다면, 그 사람의 사랑은 누수 되기 시작했거나 아예 시작도 안 된 것이라 할 수 있다.

시간의 내용은 누군가를 자신이 선호하는 곳으로 데려간다. 만족도에 따라 딱 그만큼의 시간을 빼서 원하는 곳에 투자하게 만든다. 물론 사랑뿐만이 아니라 모든 일이 다 그렇다. 어떤 업무든 취미든 자기가 원하는 것에 마음을 기울이는 것이 당연하다. 이는 그것이 더 가치가 있다고 느끼기 때문이다.

정상의 여가수나 배우가 모든 것을 내려놓고 사랑을 택할 때는 자신이 택한 시간의 내용이 다른 모든 것보다 가치가 높다고 느끼기 때문이다. 화려한 조명을 먹고 사는 연예인의 속성상 단순히 일에 염증을 느끼는 정도로 그런 도피를 감행하기는 분명 어려울 것이다.

이처럼 시간의 길이와 내용은 밀접하게 연관돼 있어서, 내용의 만족도가 체감하는 길이를 단축시킨다. 어떤 악기에 빠져 있을 때는 서너 시간을 연습해도 잠깐으로 느껴진다. 어떤 사람은 몇 시간씩 기도를 하기도 한다. 또 어떤 사람은 연인과 한두 시간을 만나기 위해 많은 날을 기다리고 먼 길을 달려온다.

3

시간의 소중함은 새삼 강조할 필요가 없다. 현대인에게 시간은 한마디로 돈의 척도이다. 시간당 최저임금 100원을 깎거나 올리기 위해 고용인과 피고용인은 전쟁과 협상을 벌인다. 인간의 모든 일은 시간 안에서 벌어지는데 이때 시간의 한정적 개념이 적용된다. 특히 육신을 입은 동안만이 구원을 얻을 수 있는 유일한 기회라는 점에서, 시간의 가치는 과연 어마어마하고 놀랍다.

사람들은 가장 가치 있는 시간에 자신을 투자한다. 사랑하는 사람과 같이 있고 싶은 것은 당연한 마음일 테지만, 일주일에 두어 번 보는 게 좋은지, 하루라도 안 보면 살기 어려운 관계인지, 사귀는 건 좋은데 평생 함께하기는 꺼려지지 않는지, 혹은 그 반대인지를 이 시간의 두 가지 척도로 파악할 수 있는 것이다.

　연인이 있다면 당신의 마지막 데이트가 길었는지 짧았는지 떠올려보라. 연인이 없다면 누구와 있을 때 시간이 가장 빠르게 흘러가는지 생각해보라. 그리고 내가 가장 좋아하는 시간을 누구와 함께하고 싶은지 떠올려보라. 시간이 사랑을 보여줄 것이다.

지지고 볶아야 시들지 않는다

1

언젠가 거리에서 성질 깐깐해 보이는 남자와 착해 보이는 여자가 다투는 것을 보았다. 남자가 잔뜩 화가 난 상태에서 여자를 만나는 순간인 것 같았다. 흥분한 남자는 차마 여자한테 할 욕은 못 하고 남자용 욕을 섞어서 소리를 지르기 시작했다.

"그러니까 내가 그러지 말랬잖아, 새꺄!!"

"일단 진정해, 오빠. 그럴 만한 일이 있었다니까…."

"아, 시끄러!!!"

여자는 뿌리치는 남자를 잡으면서 애원하듯 달래기 시작했다. 그러다가 여자가 말한다.

"난 오빠랑 싸우는 게 세상에서 제일 싫어."

지지고 볶는 연애를 해본 사람이라면 이 말에 정말 공감할 것이다. 배우자나 애인과 싸우는 것을 즐기는 사람은 없을 테니까. 하지만 사람이라 살다 보면 안 싸울 수가 없다. 이처럼 부부나 연인들 사이에서 가장 피곤하고 짜증나고 괴로운 것이 아마도 서로 티격태격 다투는 일일 것이다. 감정의 소모와 서로에게 내는 상처로 괴로운 싸움, 사랑싸움 말이다.

서로 관계의 우위를 차지하기 위해 싸우기도 하고, 자신을 더 배려해 달라는 몸부림으로 싸우기도 하며, 다른 데서 받은 스트레스를 자기도 모르게 상대에게 풀기도 하고, 시댁이나 처가, 자녀 등 다른 가족들 때문에 싸우기도 한다.
　싸우지 않고 잘 지내는 부부도 있다고 하지만 그들이 오히려 비인간적으로 보일 만큼, 부부간에 싸우는 것은 지극히 일상적인 일이다. 하지만 이런 싸움들이 심각해지면 골이 깊은 상처가 되고 갈라서는 결정적 원인이 되기도 한다.

2

　그러나 짜증난다고 갈라서면 남아날 커플이 없을 것이다. 그들 모두 싸우면서도 나름대로 대처 요령을 만들고 그들만의 노하우로 위기를 넘길 것이다. 그리고 이런 소모적인 싸움이 정말 둘 사이를 갈라놓기에 충분하다는 것도 깨달을 것이다. 그런데 오래 연애를 하거나 결혼 생활을 하다보면 이런 싸움이 잦아드는 시기가 온다. 드디어 안정을 찾게 되는 것이다. 이젠 사전에 폭풍전야의 바람 냄새도 감지할 줄 알게 되고, 상대방의 미세한 코평수 변화에도 본인이 해야 할 응급조치가 무엇인지 알아채는 감각도 생긴다.
　그래서 위기를 제법 의연하고 슬기롭게 넘기기도 한다. 이런 현상은 자신 못지않게 싸움이 싫은 상대방과의 무언의 합의로 얻게 되는 성과라 할 수 있다. 이 과정을 통해 두 사람은 깨닫게 된다.

"진작 이럴 것을, 그동안 왜 그렇게 서로 못 잡아먹어서 난리였을까…."

사실, 싸우는 일에는 상당한 에너지가 소모된다. 서로 슬기롭게 대처하는 방법을 어느 정도 터득하고 나면, 그동안의 긴장이 풀리고 덜 싸우는 것이 얼마나 편안한 건지도 새삼 느끼게 된다.

3

그런데 이런 사랑싸움도 아무나 하는 것이 아니다. 비교적 정열적이고 다혈질인 사람들이 더 싸우는 법이다. 그리고 커플 간에는 상대방을 사랑하기 때문에 시작되는 싸움이 많다. 왜 나한테 관심이 없느냐, 왜 나한테 그렇게 밖에 못하느냐, 서운하다, 너무 한다 등등. 그러므로 싸움이 웬만큼 멈췄다는 것은 상대에 대한 긴장이 느슨해지고 관심이 조금 덜해졌다는 뜻이기도 하다. 즉, 이젠 싸울 만한 열정이 많이 닳았다는 이야기가 된다.

좋은 게 좋은 거다 싶어서 웬만하면 서로 안 건드리고, 속내를 털어놓지도 않고, 상대의 행동이 마음에 들지 않는다고 집중 추궁하지도 않는다. 그런데 바로 이런 시기를 조심해야 한다. 이젠 다시 전처럼 미친 듯이 서로 물어뜯고 싸우라고 해도 못 싸우는 시기가 된 것이다. 이런 시기가 오래 가면 두 사람은 의무적인 관계가 되거나 시들한 사이가 된다.

남들 보기에는 정말 아무 탈 없이 사는 것 같았는데 얼마 지나고 나니 이혼했더라는 이야기를 간혹 듣는다. 이는 바로 이런 의무적인 관계가 지속된 경우라 할 수 있을 것이다. 그렇게 살다 보니 편하긴 한데 점점 공유할 것이 없어지고 나중에는 함께 살 이유를 못 느끼게 되는 것이다.

100퍼센트 애정만으로 사는 사람은 없을 것이다. 더욱이 부부들 간에는 애정 없이도 가정을 유지하며 그럭저럭 사는 사람들이 꽤 많다. 그러나 수틀린다고 헤어지거나 이혼할 마음이 아니라면, 어떻게든 가정을 깨지 않고 이어나갈 방법을 모색할 것이고 평화로운 가정을 만들기 위해 노력할 것이다. 단, 그 노력이 양보나 용서, 배려 같은 것이 아니라 단순히 다툼의 회피라면 곤란하다는 것이다.

싸움이 멈추는 시기를 잘 감지하라. 그리고 그 멈춤이 무엇에서 비롯된 것인지 생각해 보라. 서로에 대한 이해와 배려가 아니라 귀찮고 피곤한 일에 대한 회피라면 그 시기를 조심해야 한다.

싸울 때는 싸워야 건강한 것이다. 싸울 수 있다는 것은 사랑한다는 것이고 열정이 있다는 뜻이다. 너무 심하지만 않다면, 건강한 싸움은 견고함을 위해 무쇠에 가해지는 담금질 같은 것이다. 그 뜨거운 불과 차가운 물의 담금질이 싫어서 그대로 두면 무쇠는 약해지고 녹슬게 된다.

악조건과 함께 오는 사랑

1

　사랑…. 사람들은 사랑을 꿈꾼다. 아름답고 찬란하며 빛나는 사랑을 찾아 헤매고 있다. 그들의 마음은 사랑의 기쁨과 눈부심과 웃음에 부풀곤 하지만, 그 사랑에 슬픔과 아픔과 눈물이 섞여 있다는 것을 그들은 자주 망각한다.
　사랑은 괴롭고, 아프고, 지긋지긋한 것이다. 이것을 외면하는 사랑은 모두 이기적 열망이고 소유욕이며 철없는 그리움에 지나지 않는다. 사랑을 기대하고 바라보되, 그것이 아픔이라는 뒷모습을 감추고 찾아오는 것임을 잊지 말아야 한다. 사랑은 아픔 때문에 더욱 애틋해지고 강해지며 지워지지 않는 것이다. 그래서 아픔을 제쳐두고 하는 사랑이나 역경 없이 순탄하기 만한 사랑보다는 어려움을 겪은 사랑이 더 견고하다.

　내 친구 하나는 대학교 2학년 때 과대표였다. 마침 1학년 신입생들이 들어왔고 같이 엠티를 가게 됐다. 그 중에 괜찮은 여학생이 한 명 있었는데, 친구의 동기가 그 여학생을 일찌감치 점찍었다고 한다. 그 동기는 몸이 불편해 다리 한쪽을 저는 사람이었다. 내 친구는 그의 새로운 사랑을 돕고자 조언도 해주며 지내던 참이었다.

그런데 산행을 하고 내려오는 도중 그 여학생이 가벼운 부상을 당해 걸을 수가 없게 됐다. 누군가 그녀를 업어야 했다. 그녀를 점찍은 친구에게는 절호의 기회였지만 그는 불편한 다리 때문에 마음에 둔 여학생을 업을 수가 없었다. 그래서 어쩔 수 없이 과대표인 내 친구가 그녀를 업고 산을 내려오게 됐다. 나중에 안 사실이지만 당시 그 여학생도 내 친구에게 호감을 느끼고 있었다고 한다. 그렇게 산을 내려오면서 이야기를 나누는 사이, 남녀 간의 풋풋한 애틋함이 생겼고 작은 사랑이 싹트기 시작했다.

세 사람은 산을 내려와 마음을 터놓고 함께 이야기를 하게 되었다. 한 여자를 마음에 두었던 남자와 다른 사람을 마음에 둔 여자, 그리고 친구를 도와주려다 그녀의 마음을 알게 된 남자, 이렇게 세 청춘은 그 안타까운 상황과 서로에 대한 연민에 펑펑 눈물을 쏟았다고 한다. 얄궂은 운명 속에서 결국 내 친구는 그녀와 사귀었고, 중간에 헤어지기도 했지만 둘은 다시 만나 결혼까지 해서 잘 살고 있다.

사랑하는 마음이 두 사람을 잇는 끈이라지만, 너무 큰 아픔은 그 끈을 끊어지게 할 수 있다. 그러나 적당한 아픔은 오히려 끈을 팽팽하게 만들어 두 사람으로 하여금 더욱 강하게 그 끈을 당기게 만든다. 그러는 동안 서로를 당기는 힘은 둘의 사랑을 더욱 견고하고 아련하게 만들 것이다.

좋은 것만 누리고 싶어 하고 힘든 것을 참지 못하는 세상의 많은 이들은, 사랑이라는 단어를 바라볼 때 찬란한 기쁨과 아름다움과 감동만 보아서는 안 된다. 모든 사랑은 아픔을 먹고 자라며 슬픔과 상처를 뿌리 삼아 지탱하고 있다.

사랑하는 이의 눈부신 모습 뒤로 길게 드리워진 그림자부터 사랑하라. 두려움 없이. 그것은 오히려 예고 없이 닥칠 아픔을 더 잘 이기는 평탄한 길이 될 것이다.

뿌리 깊은 나무의 법칙

1

우리는 사랑에 대해 양극단의 생각을 많이 하는 것 같다. '사랑은 깨어지기 쉽다'고 생각하면서도 '사랑은 영원하고 무조건 아름다운 것'이라고 믿는다.

사랑에 도취되어 하늘의 별이라도 따다 줄 것처럼 고무돼 있을 때는, 사랑은 만능이고 가장 가치 있는 고결한 일이기에 천년만년 지속할 자신이 있다. 그러나 사랑이 깨지거나 누군가에게 버림받고 상처를 입으면 "내 인생 끝났어!!" 혹은 "사랑? 개나 줘버리라지!" 하며 '언제라도 깨질 수 있는 불완전하고 무가치한 것'으로 여기기도 한다.

그런데 우리가 잘 알듯이, 사랑은 원래 육신의 죽음도 갈라놓지 못할 만큼 단단한 것이면서도 유리처럼 위험하고 깃털처럼 가벼운 것이다. 전자는 하나님의 사랑이고 후자는 인간의 사랑이다. 우리는 하나님의 속성도 지니고 있고 부패한 인간의 속성도 지니고 있어서 사랑의 감정과 경험을 이처럼 변화무쌍하게 갖게 되는 것인지도 모른다.

하나님의 성품을 닮은 제대로 된 사랑을 하면, 깨짐을 두려워하지 않게 되고 상처는 날망정 어떤 풍파에도 사라지지 않는 사랑을 할 수 있다. 그처럼 뿌리가 깊은 사랑은 좀 뜯겨나가더라도 다시 자라기 마련이다.

2

사랑의 원형은 물론 하나님이시다. 창조주가 있다면 그는 사랑의 존재여야 한다. 사람들이 악을 버리지 못하고 사랑을 실천하지 못하면서도, 그 마음에 사랑이 좋은 것임을 안다는 것 자체가 이 세상을 창조하신 참 신이 사랑의 존재임을 드러내는 것이다.

"누가 우리를 그리스도의 사랑에서 떼어 놓으리요? 환난이나 곤경이나 핍박이나 기근이나 벌거벗음이나 위험이나 칼이랴?" 롬 8:35

이 말씀처럼 원수가 아무리 우리를 괴롭혀도 주님과 우리 사이의 사랑을 방해할 수 없다. 마귀는 자기 소유로 만들 여지가 남아 있는 사람들에게만 미끼를 던지고 속임수를 쓰지, 이미 소유권이 하나님께 넘어간 사람은 그저 괴롭힐 뿐이다. 그래서 성도에게 고난이 없는 승승장구의 삶을 가르치는 이들은 뭔가 잘못 짚은 것이다.

괴롭힘과 방해를 헷갈리면 안 된다. 어떤 고난과 괴롭힘으로도 우리는 그리스도와 절대 끊어지지 않는다. 하나님은 우리와 하신 약속을 절대 깨지 않으시며 지킬 수 있는 충분한 능력을 가지신 분이시다. 마찬가지로 그분이 허락하신 이미 이루어진 사랑이라면, 폭풍우와 같은 고난과 괴롭힘이 있다고 그 뿌리까지 고려의 대상에 넣을 필요가 없다. 우리는 강물에서 헤엄치며 사랑의 유희를 즐기기만 할 것이 아니라 강의 밑바닥에 사랑의 뿌리를 내려야 한다. 물살이 아무리 험해도 뿌리가 깊은 수초는 쓸려 내려가지 않기 때문이다.

3

문제는 하나님의 사랑처럼 제대로 된 사랑을 인간이 실천할 수 있을까 하는 것이다. 감히 흉내조차 내기 어렵다. 그런데 우리는 이처럼 한없이 나약하고 깨지기 쉬우며 변덕스러운 사랑을 할 수밖에 없는 인간임을 무기로, 사랑에 대해 너무 무책임한 것 같다. 자식에 대한 사랑을 누가 시키지 않아도 굳게 지키고 포기하지 않는 것처럼, 다른 조건들을 변경시키는 한이 있더라도 사랑의 뿌리만은 놓지 말아야 한다.

 자기의 분신인 자식에 비해 배우자나 연인에 대한 사랑은 가변적으로 여기는 경향이 있다 보니, 관계가 악화되면 틈틈이 서로의 서운함만 내세우거나 그런 갈등을 상대의 무책임이나 결별을 정당화하는 데 이용하려 한다.

 그런데 완전한 사랑을 주시는 분으로 충분한 자격을 갖추신 하나님은 (몇몇 피치 못할 예외 조항이 아니라면) 그렇게 하지 말라고 말씀하신다. 심지어 믿음이 서로 달라 집안 식구들끼리 원수가 될 정도로 갈등이 격화될 것을 알려 주셨지만 마 10:36, 그렇다고 갈라서라고는 하지 않으셨으며 그저 자기의 십자가를 지라고만 하셨다. 아무리 서로 믿음이 다르고 상대방이 우상숭배자라도, 그건 별개의 문제이기 때문이다.

사랑한다면 하나님을 흉내라도 내보자. 사랑의 뿌리를 내리고 그것을 생명처럼 여겨 절대 파헤치거나 뽑아내지 말자. 뿌리가 없는 풀은 재생되지 않고, 다시는 새순이 돋지 않으며, 그대로 시들어 썩고 만다. 뿌리를 해치지 않는 마음은 하나님을 존중하는 태도이다. 거기에서부터 꼬인 실타래가 풀리고 새로운 가지가 돋아나는 것이다.

어떤 문제가 다가올 때 송두리째 뽑히는 극단을 생각하지 말고, '가지가 뜯겨나가는 것쯤으로' 여겨야 한다. 뿌리까지 흔들릴 수 있다는 생각을 하고 다투는 것과 가지를 내어줄지라도 뿌리는 변함없다는 생각으로 다투는 것은 완전히 다르다.

참된 사랑이라면 꾸준히 뿌리를 내려야 한다. 그리고 그 뿌리는 내 것이 아니며 하나님께 아주 맡긴 것으로 여겨라. 오늘날 많은 사랑이 깨지는 것은 싸워야 할 상대를 오해한 데서 기인한 경우가 많다. 우리의 싸움은 혈과 육을 상대로 한 것이 아님을 기억해야 한다 엡 6:12.

다투더라도 서로 뿌리를 갉아먹는 싸움은 하지 말아야 한다. 무슨 일이 있더라도 이 사랑의 기초는 절대 내줄 수 없다는 마음으로 마귀를 향해 배수진을 쳐야 한다. 가끔 보면 서로에게 배수진을 치고 벼랑 끝에서 다투는 이들이 있는데, 이는 상대와 전황을 잘못 이해한 것이다. 지금 갈등 중인 사람은 분쇄해야 할 적이 아니라, 견해만 다를 뿐 사랑하는 아군임을 잊어서는 안 된다.

여자들 속의 남자,
남자들 속의 여자

압도적으로 많은 무리 속의 홍일점과 청일점, 어떻게 다를까?

오래전 이야기다. 친구가 모 대학 고분자공학과에 들어갔는데, 일흔 명 중 여자는 딱 한 명뿐이더란다. 전혀 예쁘단 소리는 안 나오는 여자였지만 워낙 희소가치가 높다 보니 과 친구들이 엄청 챙기는 등 인기가 높았다고 한다.

그 여자 동기는 나날이 밝아지고 예뻐져 갔다. 표정도 입학할 때와는 영 딴판으로 바뀌었다. 그러다가 그 당시 남학생이라면 누구나 가야 하는 3박4일 대학생 병영훈련 출발일이 다가왔는데, 그녀가 예순아홉 명 전원에게 담배 두 개비와 사탕, 초콜릿을 개별 포장해 선물했다고 한다.

  한편, 고분자공학과의 남학생들이 가장 부러워했던, 섬유의류학과의 청일점 남학생이 있었다. 그 과에서도 남자가 하나라고 엄청 챙겨주는 분위기였다고 한다. 그러던 어느 날 청일점 남학생의 생일이 되었고, 동기들은 그를 위해 정성어린 선물을 준비해 주었다. 그리고 주인공이니 앞에 나가 소감 한마디 하라는 모두의 요청에 떠밀려 그는 앞으로 나가게 되었다.

  "저… 제 생일에… 여러분이 이렇게…."

  그 친구는 이렇게 말을 시작했다. 그런데 "여러분이 이렇게 선물까지 챙겨주시고…" 하다가 남학생이 갑자기 말을 잇지 못하고 삐죽거리더니, 글쎄 눈물을 흘리더라는 거다.

  보나마나 여학생들의 '어머, 어머!', '어우, 야… 괜. 찮. 아' 하는 추임새가 그의 눈물을 흐느낌으로 바꿨을 것이 분명하다.

왜 이런 차이가 나는 걸까? 여자는 여러 남자들 틈에서 예쁘게 피어나는데, 왜 남자는 여자들 틈에서 시름시름 야위어(?) 갈까?

  나는 업무 특성상 여자들이 많은 회사를 자주 다녔다. 성격은 남자지만 감성은 언니 같다는 이야기를 종종 들었기 때문에 그런 곳이 별로 불편하지는 않았다.

그런데 한 번은, 네댓 개의 부서 소속의 여직원 스물 남짓이 함께 일하는 층에서 혼자만 남자로 몇 개월간 일한 적이 있었다. 부럽다고 생각할 남자들도 있겠지만 사실 무척 외로웠다. 여성들과 일하는 것에 익숙하고 오히려 남자들의 문화나 식생활을 싫어하는 나였지만, 왠지 모르게 힘이 들었고 말수는 갈수록 줄어들었다. 그러다가 가끔 다른 층의 남자들과 식사라도 하게 되면 유난히 신이 나서 툭 터놓고 수다를 떨곤 했다.

원인은 여러 가지가 있겠지만, 남녀의 마인드 차이에 어느 정도 답이 있는 것 같다.

남자에게는 여자를 만족시켜야 하고 남자답게 행동해야 한다는 부담이 있다. 그래서 여자들 틈에서 생활하다 보면, 형광등만 껌뻑거려도 '저거 내가 갈아야 되는 거 아냐?' 생각하게 되고, 창밖에서 벌 한 마리가 들어와도 꺄악 소리를 지르는 처자들을 대신해 내가 가서 쫓든지 잡든지 해야 할 것만 같다. 무거운 생수통도 나보다 팔뚝이 더 굵은 여직원들을 위해 내가 매번 갈아 줘야 했다. 하여간 무슨 일에든 막연한 책임이 생겨 마음이 무겁고, 또 여자들이 의지할 만한 사람이 돼야 한다는 강박증을 갖게 된다. 그러니 매일 긴장이 되고, 기를 빼앗긴 듯 늘 피곤하다.

반면, 성향은 점점 좀스러워지고 여성스러워져서 어느새 여인천하의 역모와 농간에 함께 녹아든 자신을 발견하고는, 남자로서 스스로를 용서할 수 없을 것만 같은 내면의 괴리를 겪게 된다. 그래서 감정의 롤러코스터에서 방금 내린 듯 한없이 나약해진 마음에, 누이들이 정성어린 선물이라도 안기면 삐죽거리다 눈물까지 글썽이는 순정남이 되어가는 것이다.

그러나 여자들은 사랑을 받기만 하면 된다. 남자들은 여자들과는 달리 일이나 인간관계에서 피곤한 감정싸움을 하지 않는 편이라 무심하고 단순하리만치 선이 굵다. 그래서 자잘하게 휘말릴 일도 별로 없는 데다, 남자들이 홍일점에게 잘 보이기 위해 모든 일에 경쟁적으로 솔선수범하기 때문에 특별히 신경 쓸 일이 없다.

홍일점은 힘든 일을 나서서 할 필요도 없고, 그저 예뻐지기만 하면 된다. 그냥 그 자리에 있어 주기만 하면 되는 것이다. 제발 전과나 자퇴만은 자중하셔서, 시커먼 남자들만의 김빠지는 회합이 되지 않도록 자비(?)를 베풀어주면 된다. 돈이 없어 학교를 그만둔다면, 남학생들이 발벗고 나서서 등록금을 마련해 줄지도 모른다.

남자와 여자는 같은 상황 속에서도 전혀 다른 삶을 산다. 환경은 인간을 좋은 사람으로도, 나쁜 사람으로도 만든다. 그 남자 혹은 그 여자가 그렇게 행동하고 사고하는 데는 다양한 이유가 숨어 있다는 것을 잊지 말라.

2장

연애와 결혼 사이,
만 번을 흔들려도
괜. 찮. 아.

결혼하기 좋은 여자는 따로 있을까?

1

해묵은 연애편지나 사랑 고백에 자주 등장하는 표현 중 '오, 당신은 나의 태양!'이라는 찬사가 있다. 사랑하는 여인을 태양이라고 부르는 것이 너무 지나치게 들리거나 유치해 보일 수도 있지만, 태양의 역할과 그 중요성을 생각해 보면 아주 적절한 표현임을 알 수 있다.

태양은 모든 힘의 근원이다. 너무 멀리 있으면 얼어 죽고 너무 가까이 있으면 다 타 죽게 되는 태양…. 절묘하게 적당한 거리를 유지하고 있어서, 모든 계절을 만들고 모든 생물에게 에너지를 공급하는 놀라운 태양의 작용에 대해, 다윗은 하나님의 영감을 받아 노래하고 있다.

"…그분께서 해를 위하여 하늘들 안에 장막을 세우시매 해는 자기 침소에서 나오는 신랑 같고 경주하기를 기뻐하는 힘센 자 같도다. 해가 하늘 끝에서부터 나아가며 그 순환 회로는 하늘 끝들에까지 이르나니 해의 열기에서 숨을 것이 없도다" 시 19:4-6

태양은 빛이면서 열이고 에너지다. 지구의 모든 과정은 태양의 지속적인 열에너지 공급으로 유지된다. 이 열이 모든 것에 미치고 있음을 위의 말씀은 나타내고 있다.

'해의 열기에서 숨을 것이 없도다'

그래서 예로부터 태양을 우상으로 섬기기도 했고, 지금도 모 포털에서는 지식 답변을 가장 잘하는 사람에게 태양신 호칭을 부여하기도 한다. 그러므로 사랑하는 여인을 태양이라고 부르는 것은 거의 숭배적인 높임이라고 해도 과언이 아니다. 그렇다면 여자들이 정말 해처럼 중요한 존재일까?

2

그렇다. 가정에서 여자가 기운을 잃으면 모두가 기운을 잃고 비실거리게 된다. 기운 없는 엄마가 밥을 안 해주니, 다른 식구들이 굶어서 힘이 빠진다는 일차원적인 이야기가 아니다. 물론, 그리되면 밥을 못 얻어먹는 것도 사실이지만.

　가족들은 모두 해바라기처럼 엄마이자 아내인 여자만 바라보고 있다.
　"엄마, 지난주에 산 내 옷 어디 있어?"
　"여보, 내 어깨 좀 주물러 봐봐."
　"엄마~ 언제 와?"
　"여보, 밥 아직 멀었어?"

　어린 시절 가장 짜증나고 속상했던 때는 학교에서 돌아왔는데 엄마가 집에 없을 때였다. 우리 어머니는 맞벌이 주부도 아니었고, 웬만하면 늘 그 자리를 지키는 존재였기 때문이다. 엄마가 옆에 있으면 잔소리만 듣게 되고 하고 싶은 것도 맘대로 못 하게 되기 일쑤였지만, 아무튼 어머니가 없는 것보다는 있는 것이 훨씬 좋았다.
 엄마의 남편인 아버지도 마찬가지였다. 우리 아버지는 엄마가 없으면 어쩔 줄을 몰라 하고 무엇부터 손을 대야 할지 막막해 했다. 내가 대여섯 살 때쯤 엄마가 집에 없는 색다른 경험을 하게 됐는데, 그때 아버지가 반찬을 꺼내 상을 차리시던 기억이 아직도 생생하다. 내가 간장에 밥을 비벼 달라고 하자 아버지는 간장 반 숟가락을 떠서 내 밥에 뿌리시더니, 서툰 솜씨로 두어 번 꾹꾹 누르고는 일단 먹고 또 비비라고 하시는 것 아닌가. 어린 마음에도 기가 막혀서 '앓느니 죽지…' 하고 혼자 알아서 비벼 먹었던 기억이 난다.

 아무튼 엄마와 아내라는 위치는 매우 중요하다. 혹시라도 아내가 아파서 입원을 하거나 며칠 앓아누워 꼼짝을 못하게 되면 그야말로 집은 쑥대밭이 될 수밖에 없다. 흡사 태양이 빛을 잃고 장마가 계속되면 모든 것이 생기를 잃고 축 처지는 것과 마찬가지이다.
 이렇게 기능적인 것 외에도 여성의 기분이 다운되고 의욕을 잃게 되면, 가족들은 모두 서로 눈치만 보며 아무것도 하기 싫은 무기력한 상태가 된다. 반대로 여자가 집에서 활짝 웃으면 모두가 신이 나고 아무것도 안 해도 즐겁다.

3

결혼을 먼저 한 선배들은 건강한 여자를 얻으라고 조언하곤 한다. 여자가 아프거나 우울하면 삶이 어려워지기 때문에 하는 말이다. 그렇다고 무조건 건강한 여자가 최고라는 단순한 이야기는 물론 아니고, 부정적인 성격이나 무기력한 사람보다는 생기 있고 밝은 여자가 낫다는 뜻이다. 미혼의 남성들은 여자를 볼 줄 모르는 사람이 많다. 연애를 꽤 많이 해봐서 여자를 볼 줄 안다고 자부하는 이들도 있겠지만 절대로 자신할 일은 아니다.

결혼 전에는 좀 어두워도 분위기 있는 여자가 좋고, 까칠해 보이는 여자가 새콤한 레몬 같아서 좋고, 연약해 보여도 하늘하늘한 여자가 좋을 수 있다. 애인이 생겼는데 주변에서 복스럽다느니, 부잣집 맏며느리 같다느니 하면 총각 때는 별로 듣기가 안 좋다. 하지만 조금만 살아보면, 또 가족이 늘어나다 보면 이런 생각들은 바뀌게 된다. 분위기가 밥 먹여 주나, 항상 밝게 웃어주고 마음 편안한 게 최고지. 새콤한 레몬보다는 달고 시원한 수박이 낫다. 손대면 톡 하고 터질 듯한 연약함보다는 늘 같은 자리를 지켜주는 건강함이 좋은 법이다.

하지만 미혼 남성이 태양 같은 여자를 알아보기란 그리 쉽지 않다. 결혼 전에는 여성상에 대한 왜곡된 선입견과 편견이 그 남자를 지배하고 있기 때문이다. 그래서 그런 남자들은 먹구름 아래에서 헤매다가, 로맨틱해 보이지만 열기가 없는 가로등을 찾고, 따뜻하지만 곧 꺼지고 마는 모닥불을 눈여겨 보며, 환상적이고 앙증맞지만 그게 전부인 반딧불이를 선택하고 만다.

모든 남자에게 늘 태양 같은 여자도 없고 그 반대도 없을 것이다. 하지만 나에게 맞는 사람, 나를 비춰줄 수 있는 에너지를 가진 여자는 분명히 존재한다. 그 여자를 찾으면 성공하는 것이다. 한편, 여자들은 자신의 가치를 날씬한 종아리와 오뚝한 콧날, 남편을 능가할 연봉이나 집안의 배경 등으로 높이려 하지 말고 진정한 태양 같은 아름다움으로 채워야 한다.

하나님의 말씀을 양보하지 않는 건강한 신앙과 그분을 믿고 따르는 사람이 갖는 자신감과 여유, 사랑하는 이를 위해 늘 웃어줄 수 있는 넓은 마음으로 태양과 같이 빛나는 여자가 되어야 한다. 그런 여자가 많아지고, 그들을 미리 알아보는 남자도 많아지는 멋진 세상이 되기를!

결혼은 외로움의 종착역이 아니다

1

사람들에게 '왜 결혼을 하려는 것인지' 물으면 다양한 대답들이 나온다. 하나님의 섭리라는 원론적이고 궁극적인 해석부터, 매일 밤 헤어지기 싫어서라는 현실적인 이야기까지 많은 이유가 있을 것이다.

그런데 인간이 사랑의 열병을 앓고 안달을 하다가 결국 짝을 맺어 결혼하기까지의 과정을, 자손을 퍼뜨리고 번식하여 인류가 유지되게 하기 위한 장치에 지나지 않는다고 생물학적으로 해석하는 이들도 있다. 사랑도, 결실도, 결혼도, 출산도 모두 이를 위한 구조에서 나오는 다분히 원시적인 것으로, 모든 생물의 번식과 같은 단순명료한 시스템이라는 것이다. 물론 이것은 하나님의 섭리지만, 그들은 하나님의 섭리를 이해할 수 없다 보니 그저 자연 속에서 이해하고자 애쓰는 것이다.

그렇게 결혼을 할 수밖에 없도록 만드는 장치 중 하나로 아주 큰 부분을 차지하는 것이 바로 '외로움'이다. 외로움은 인간이 해결할 수 없는 가장 원초적인 감정으로 그 누구도 외로움에서 자유로울 수가 없다.

한마디로 사람들은 외로워서 결혼을 한다. 누군가에게 기대기 위해 결혼하고 혼자 결정할 수 없는 많은 것들을 함께 결정하고 또 위안을 얻기 위해 결혼하기도 한다. 그러나 그들은 모두 얼마 안 가서 깨닫게 된다. 결혼으로 외로움을 온전히 해결할 수 없다는 것을 말이다.

2

20대 중반 총각일 때 나는 여성잡지사에서 디자이너로 일했다. 그런데 어느 날 어떤 남자 작가가 쓴 칼럼 원고가 디자인팀으로 넘어왔는데, 그 제목이 철없는 총각이 보기에는 가히 충격적이었다. 제목은 이랬다.
　'결혼하면 더 외롭다'
　아니, 결혼하면 더 외롭다니, 너무 과장이 아닌가 싶었다. '결혼해도 외로움을 다 털어낼 수 없다'고 했다면 이해했겠지만 '더' 외롭다니 이 얼마나 허무한 이야기인가.

　제목이 너무 강렬해서였는지 그 칼럼 내용을 자세히 읽은 기억은 없지만, 지금은 그 말을 이렇게 이해하고 있다.
　외로움을 덜거나 없애려고 결혼을 한다고 생각하지만, 막상 결혼을 해보면 그 외로움의 앙금이 마음의 밑바닥에 그대로 남아있다는 것이다. 이것을 다 긁어내지 못한 상태에서 그 위에 계속해서 외적인 결혼생활이라는 흰 페인트를 덧칠하다 보면, 얼핏 보면 앙금이 사라진 것 같지만 실상은 그렇지가 못하다는 것. 그렇게 기대했던 외로움의 종식이 그저 꿈이었다는 것을 깨닫는 순간, 공허함은 배가 되어 '결혼하면 더 외롭다'는 볼멘 고백이 나올 수밖에 없다고 말이다.

인간의 일생을 모두 섞어서 평균을 낸다면, 즐거움이나 괴로움, 기쁨이나 슬픔, 또 외로움의 정도가 기혼으로 산 사람이든 독신으로 산 사람이든, 오래 산 사람이나 일찍 죽은 사람이든 다 똑같을 것이다. 영혼의 문제를 누군가 대신할 수 없듯이 인간은 혼자일 수밖에 없도록 만들어졌다. 하나님과의 수직적인 관계 문제도 일대일로 풀어야 한다. 아무도 도움을 줄 수 없으므로 혼자 고민하고 감당하며 해결해야만 한다.

3

가족이 외로움을 달래는 일에 큰 도움을 줄 수 있는 것은 분명하다. 아니, 아주 많이 위로가 되고 외로움 또한 어느 정도 덜어준다. 그러나 궁극적으로 보면 그저 외로운 한 영혼, 한 영혼이 모여서 그렇지 않은 척 살아가는 것일 뿐이다. 인간은 원래 그 좁은 머릿속, 그 작은 육체에 갇혀 한 치도 벗어날 수 없는 영혼이다. 외로움을 긍정적인 방향으로 해결하거나 처리하지 못하면, 그것은 자신은 물론 상대방에게까지 상처를 입힐 수 있는 다른 감정들로 발전할 수도 있다. 외로움을 두려워한 나머지 무르익지도 않은 결혼을 성사시키려 한다든지, 버림받아 외로움의 밑바닥으로 추락하는 것이 두려워 자기가 먼저 상대를 버린다든지 하는 일들이 비일비재하다.

예전에 오래 사귄 남자친구를 끔찍이도 사랑한 나머지, 화장실 앞까지 따라가서 기다렸다가 같이 올 정도로 유난스러운 친구가 있었다. 그녀는 잠시라도 남자친구가 곁에 없으면 인상이 어두워지고 신경이 날카로워져서, 그가 다시 올 때까지 안절부절못하곤 했다.

그러다가 남자친구가 외국으로 일주일 이상 출장을 가게 되었는데, 그때 그 여자의 다른 면이 드러났다. 주변의 별로 친하지 않던 남자들에게 호의적으로 바뀌었는데, 말투도 다정해지고 뭐든 옆에 붙어서 같이 하려고 하는 등 상대가 부담스러울 정도였다. 그러다가 몇 년 후 남자친구가 군대에 가자, 그녀는 결국 두어 달 만에 다른 남자를 만났다. 오랜 시간 동안 그렇게 끔찍이 여기던 남자를 차 버리고 고무신을 거꾸로 신은 것이다. 그렇게 그녀의 옆에는, 누가 됐든 항상 남자가 있었다.

그녀는 외로움을 못 견디는 측은한 인간이면서 인격적으로 다소 균형이 잡히지 못한 사람이었던 것 같다. 아마도 그녀는 남자와의 동행을 지독한 고독에 덮어씌우는 방향제쯤으로 여겼는지도 모르겠다. 하지만 방향제는 악취를 잠시 덮어둘 뿐 근원은 제거하지 못하는 미봉책이다. 그녀의 삶은 그렇게 누더기처럼 계속 덮기만 하다가는 결국 한계를 맞을 수밖에 없을 것이다.

현대인들은 군중속의 고독이 괴로워서 많은 의사소통의 도구들을 발명해냈지만, 오히려 외로움을 더욱 키우기만 하는 묘한 딜레마에 빠져 있다. 외로움이란 평생을 먹어야 하는 쓴 약과 같다. 그러므로 결혼이나 연애로 일거에 외로움을 해결하려는 것은 쓴 약을 당의정으로 만들어 삼키는 것에 불과하다.

결혼해도 외로움이 해결되지 않는다고 절망하지 말라. 하나님은 오히려 그런 외로움을 통해 사랑하는 이와 사랑 그 자체의 소중함을 알게 하시며, 무엇보다 하나님 없이 살 수 없는 인간의 연약함을 깨닫게 하시는 분이니까.

몽상가와 현실주의자의 시소 게임

1

배우자를 찾는 사람들에게 "어떤 사람을 원하느냐"고 물으면 대부분 "나랑 잘 맞는 사람을 원한다"고 대답한다. 당연한 대답이다. 안 맞으면 큰일이니까 말이다. 그런데 그 '맞는다'는 말에는 여러 가지 변수가 있고, 돌발 요소들이 존재하기 때문에 그 말 자체가 아주 두루뭉술한 것임을 잊어서는 안 된다. 과연 나랑 잘 맞는 사람이 있기는 한 걸까?

왜 모두들 잘 맞는다고 생각해서 한 결혼인데 안 맞아서 못 살겠다고 난리일까. 그럼 처음에 잘못 골랐다는 것일까, 아니면 중간에 둘 중 한 사람, 혹은 둘 다 엉뚱한 스타일로 변했다는 것일까.

2

내가 아는 찬양사역자 목사님 부부가 있다. 한번은 사모님이 기독교 방송의 간증 프로그램에서 결혼 과정에 대해 말했다.

사모님은 노래를 하는 사람이었으므로 같이 사역할 수 있도록 음악을 하는 남자였으면 했고, 자신이 키가 작으니 상대는 좀 컸으면 했고, 글을 좀 쓰는 감수성을 가진 사람이었으면 좋겠고… 등 네 가지의 조건을 놓고 기도를 했다고 한다.

그런데 목사님을 만나고 보니 실력 있는 작곡가에 건반 연주자였고, 훌륭한 음악 프로듀서이자 찬양신학대학 교수였다. 게다가 키가 무지 크고 글 쓰는 데 관심이 많아 후에 문예창작과에 입학까지 한 분이었다. 그렇게 기도가 응답되었다는 확신이 들 만큼 자신이 바라던 모든 것을 갖춘 사람이었다고 한다.

그런데 지금은 어떨까. 그 사모님의 이야기는 이랬다.
"근데 살아보니까 성격이 열 가지 중에 한 가지만 맞고, 아홉 가지가 다 너무 다른 거예요…."
어떻게 그럴 수가 있을까. 사모님은 그 네 가지의 단편적인 조건들이 아니라, 그런 직업과 모습에 어울리는 성품과 취향을 나름대로 상상하며 기대했을 것이다. 이처럼 같은 직업임에도 각 사람의 성격과 취향이 얼마든지 다를 수 있다는 것을 결혼 전에는 쉽게 감지하지 못하기 때문에, 결혼 후에 느끼는 '비포'와 '애프터'의 차이가 심할 수 있다.

연애할 때는 일단 서로에게 맞춰주고 양보하는 편이고 모든 생활을 함께하는 것이 아니기에 성격이나 성품이 잘 드러나지 않는다. 그러니 결혼해서 살아본 뒤에야 알게 되는 것들은 너무나 많다. 그래서 아무리 오래 연애한 사람도 자기 연인을 잘 이해한다고 장담할 수 없고, 결혼해서 잘 살 거라고 자신해서도 안 된다.

그러면 그 목사님 부부는 불행했을까? 물론 아니다. 서로 안 맞는 부분을 맞춰가면서 또 채워가면서 열심히 선교활동을 하고 있다. 하나님은 왜 사람들의 이런 차이를 결혼 전에는 잘 모르게 하실까. 나랑 비슷한 사람도 많을 텐데 왜 하필 저렇게도 다른 사람을, 내 눈을 멀게 만들면서까지(?) 내게 허락하신 걸까 하는 의문이 생길 수도 있지만, 이 모든 것이 결국 자신을 위한 것임을 결혼을 생각하는 사람들이라면 이해해야 한다.

3

쌍둥이처럼 나랑 똑같이 생각하고 맞장구 쳐주는 사람, 내가 입만 떼어도 무슨 말을 하려는지 알고 챙겨주는 사람이 정말 좋을까? 나랑 같은 취미를 가지고 내가 하는 일에 반대하지 않는 사람이면 좋겠다고 생각하는 사람도 많지만, 꼭 그렇지는 않다.

많은 부부들에게서 발견되는 재미있는 공통점이 있는데, 남녀를 불문하고 한 사람은 몽상가이고 한 사람은 현실주의자라는 점이다. 정도의 차이는 있지만 한 사람은 세심하고 한 사람은 무심한 스타일이다. 이런 현상이 때로는 아주 답답하게 느껴지기도 하지만 궁극적으로는 정상적인 삶을 위한 절묘한 장치가 아닌가 생각한다.

가끔 보면 전세금을 빼서 세계일주 여행을 간다거나 산 속으로 귀농하여 자연인의 삶을 사는 등 좀 황당하지만 모두가 한 번쯤은 꿈꾸는 일을 감행하는 커플들이 있는데, 워낙 드물다 보니 사람들의 주목을 받곤 한다. 이처럼 많은 사람들이 대체로 꿈만 꾸거나 계산기만 두드리다 일생을 보낸다.

하지만 대부분의 사람들이 그렇게 훌쩍 떠나는 삶을 산다면 세상은 어떻게 될까. 아마도 뒤죽박죽 혼란스러운 세상이 되는 것은 물론, 그런 희귀한 일들이 더 이상 특별하지 않은 '일상'이 되고 말 것이다. 부부들을 보면 대개 한 사람은 집을 팔아서라도 세계일주를 하는 꿈을 꾸고, 한 사람은 그게 무슨 무모한 일이냐며 꿈 깨라고 한다. 그리고 그 부부는 날 잡아서 동해안에 다녀오는 것으로 절충한다. 그렇게 삶은 유지되고 가정도 영위되는 것이다.

4

취향의 문제도 그렇다.

한 사람은 로맨틱한 영화를 보고 싶은데 한 사람은 집에서 고기나 구워 먹자고 한다.

"에구, 저 속물…."

한 사람은 친구들과 어울리는 걸 좋아하는데 한 사람은 이웃과 인사도 안 하려 든다.

"쯧쯧, 성격파탄…."

한 사람은 짭짤한 게 좋은데 한 사람은 맛이 없어도 싱거워야 몸에 좋단다.
"이런 건강염려증 환자 같으니…."

몇 달 동안 영화 한 편 못 보는 삶도 답답하겠지만, 영화에 미쳐 사흘이 멀다 하고 개봉되는 영화를 다 보려 한다면 집안 꼴이 어떻게 되겠는가. 결혼 후에도 미혼일 때처럼 친구들과 밤새 놀거나 집으로 자주 달고 오면 어쩌자는 것인가. 음식은 싱겁게 먹는 것이 좋으니 점점 습관을 바꿔 보는 것이 낫지 않겠는가. 만일 이런 케이스의 부부들이 같은 성향을 지녔다면 세상이 제대로 돌아갈 리 없고 가정이 평안할 리 없다. 부모가 된 후에도 마찬가지다. 한 사람은 너그럽고 한 사람은 엄해야 아이들도 긴장하는 동시에 숨통이 트인다. 이처럼 모든 면에서 치우침의 결과는 좋을 수가 없다.

주변의 아는 사람 중에, 다른 건 몰라도 꼭 감수성이 맞는 여자를 만나길 원했던 남자가 있다. 그는 배우자감을 만나 보니 머리가 텅 빈 여자 같지 않고 지적 호기심이 많으며 고상한 취미도 많이 가지고 있어서 참 좋다고 생각했다. 그런데 나중에 그가 하는 말이 뜻밖이었다. 와이프랑 같이 영화를 보면 재미가 없다는 것이었다. 이유를 물으니 대답이 이랬다.

"원래 내가 좋아하는 영화를 보는데 옆에서 더 거품 물면 김빠지는 거야…."
 게다가 아내가 좋아할 만한 영화가 나와서 기쁜 마음으로 얘길 꺼냈는데 이미 다 알고 있거나, 그 영화의 정보나 느낌에 대해 이야기를 하려 해도 한 술 더 떠서 김이 빠진다고 했다. 얘길 듣고 보니 정말 그럴 것 같았다. 다른 이유도 있었겠지만 이 부부는 이혼했다.

5

 둘 다 눈치가 빠른 커플의 경우, 한 사람이 반지를 품은 채 프러포즈 이벤트를 시작하려는 순간 상대방은 벌써 눈치를 채고 앉아 있다. 큰 맘 먹고 무슨 계획을 이야기해도 어떤 계산이 숨어 있는지 이미 알고 있다. 반면 둘 다 무심한 커플은 반지고 뭐고 다 생략해 버린다. 결혼기념일을 넘겨도 그만이고 집안의 경조사도 못 챙기고 지나치거나 닥쳐서 허둥대기 일쑤다.
 자기와 딱 맞는 사람…, 결혼 전에는 맞장구 치고 박수 쳐줄 일이 많기 때문에 그저 즐겁기만 하다. 그래서 그것을 사랑인 줄 알고 함께 살려는 계시(?)인 줄로 안다. 그러나 그것은 상대방이 아닌, 자기의 능력과 취미와 즐거움 그 자체를 사랑한 것일지도 모른다.
 모자란 것은 채워주고 넘치면 받아주는 것이 부부다. 서로 안 맞는 부분을 발견한다 해도 절망하지 말고, 왜 다를까 생각하라. 왜 다를까, 이리도 다른 사람들을 만나게 하신 이유가 뭘까… 생각해보라.

전도사님, 여기서 이러시면 안 됩니다

1

예전에 웨딩칼럼집을 낸 이후에 소그룹 세미나를 연 적이 있다. 결혼 적령기를 넘어선 여성들을 대상으로 한 모임이었는데, 30대 후반부터 다양한 연령대의 자매들이 예닐곱 분 참석했다. 책을 읽고 참석하는 모임이었기에 그날 주제 발표는 책에 없는 것으로 했다. 바로 '남자의 연애심리의 특징'에 관한 것이었다.

남자들의 결혼을 바라보는 시선과 여성을 대하는 태도 등에 대해 설명한 후, 참가자 여성들의 이야기를 듣고 상담 반 담소 반 교제를 했다. 한편 그분들에게는 한 가지 공통점이 있었는데, 어쩌다 소개를 받거나 맞선을 보게 되는 대상들이 대부분 목회자들이라는 점이었다.

상대 남자들은 거의 목사 안수를 받기 직전의 전도사들이 많았는데, 결혼 여부가 목사의 자격 중 하나인 교단도 있고, 목사 안수를 받더라도 미혼인 경우 목회자로 청빙돼 가기 어렵다는 점 때문에 진로를 위해 급히 배우자를 구하는 경우가 많다고 한다.

다 좋은데…, 이분들이 공부만 해서 그런지 너무 눈치가 없고 만나면 다짜고짜 사모라는 위치에 대해 생각해 본 적이 있느냐, 평생 새벽기도하며 살 자신 있느냐, 교회에서의 슬기로운 사모상은 어떤 것이라고 생각하느냐 등등의 노골적인 질문들을 아무렇지도 않게 던진다는 것이었다. 어떤 사람은 자기 목사 안수 일정이 언제인데, 그때까지 결혼이 가능한지 답을 요구하기도 한다고. 진짜 대박이다.

이쯤 되면 거의 면접을 보는 거지, 사랑을 바탕으로 결혼을 하는 것과는 거리가 멀다. 이는 '돕는 배필'이라는 말을 잘못 이해한 결과이다. 그런 질문을 받는 여성들이 모멸감을 느끼는 건 당연하다. 사모라는 자리가 싫어서가 아니라 이런 남자와는 살 수 없다는 생각에 고개를 젓게 된다는 것이다. 심한 경우는 상대 여자가 사모가 되고 싶지 않다고 하면 서둘러 자리를 마무리하거나, 심지어 식사 값을 각자 내자는 사람도 있다고 했다. 그런 일을 당한 여자는 수치심을 느끼고 마음에 큰 상처를 받을 수밖에 없다.

2

물론, 목회에 있어서 사모의 자리가 매우 중요하기 때문에 이럴 수 있겠다 싶다. 또 모든 목회자 후보들이 그렇다는 건 아니다. 하지만 그녀들이 만난 사람들의 태도는 완전히 잘못된 것이다. 목회자들에게도 교회보다 중요한 것은 가정이다. 그런 생각 없이 목회를 시작해선 안 된다. 성도들에게도 가정이 더 중요함을 가르치고, 교회에서 살지 않게 하고 빨리빨리 돌아가 집안을 챙기게 하는 목회자가 좋은 목회자다. 이는 하나님이 가정을 먼저 세우셨기 때문이다.

목회자들은 대우받는 일에 매우 익숙한 사람들이다. 그들 중 이큐는 낮고 신학 지식만 많은 사람이 목사가 되면 대접받는 것을 당연하게 여긴다. 결국 이들은 사회성이 떨어지고, 행동은 받쳐주지 못하는데 강단에서만 좋은 이야기를 하는 설교자가 된다. 그래서 부인들로부터 '어쩌면 그리 옳은 소리만 하느냐. 강단에서 내려오지 말고 거기서 살라'는 말을 듣는다는 우스갯소리가 있다.

최근 한 기독교 언론의 설문 결과, '행복하다'고 느끼는 사모는 8.9퍼센트에 불과했고 나머지는 불행하거나 그저 그렇다고 대답했다. 이처럼 사모들의 삶의 질이 그리 좋지 않은 것을 보면, 목사는 신랑감으로 그리 인기 있는 직업(?)이 아닌 것 같다.

하나님의 사역이나 목사라는 직책의 중요성을 들어 여성을 물건 취급하고 스펙 조사하듯이 배우자감으로 저울질해서는 안 된다. 역지사지로 여성이 남편감을 이런 식으로 구한다면 남자들이 가만히 있을 리 없지 않은가. 간혹 신분 상승을 위해, 무궁화호에서 KTX로 갈아타기 위해 아내와 남편감을 고르는 이들도 있을 것이다. 이 모든 것이 잘못된 일인데, 그것이 목회라는 명분으로 정당화될 수는 없다. 목회자라면 오히려 더 아내를 배려하고 인격적으로 예의를 갖추어야 하는 것이 상식 아닐까.

사모라는 제안을 외면하는 여성들은 목회자라는 직업이 싫거나 평생 남편을 도와 헌신하기 싫어서라기보다, 자기를 목회의 필수품 정도로 생각하는 사람에게 인생을 맡길 수 없어서 거부하는 것이다.

여자는 남자의 스펙이 아니다. 남자들은 여자를 자신의 능력 중 하나로 계수하는 심리가 있는데, 그런 것부터 버려야 한다. 목회도 사랑도 결혼도, 계획을 잘 세워 차근차근 해나가야지, 벼락공부로 시험을 치르듯 해서는 안 된다는 이야기다. 기도와 준비로 좋은 아내를 만나 먼저 가정적으로 성공하는 사람이 목회에도 성공할 것이다.

결혼에 대한 오만과 편견

1

결혼과 결혼생활에 대해 미혼자들이 갖게 되는 크고 작은 오해들이 있다. 물론 그들이 기혼자들의 결혼생활을 전혀 몰라서 그런 오해를 하는 것은 아니다. 드라마나 영화, 가족들과 주변 사람들이 살아가는 모습, 통계자료 등을 통해서도 결혼에 대한 환상을 깰 기회들은 얼마든지 있으니까 말이다. 그런데도 미혼자들이 여전히 결혼을 오해하는 이유는 다음 두 가지인 것 같다.

첫째, 간접 경험은 실체를 정확하게 보여주지 못하기 때문이다. 드라마나 영화도 일부분만 보여주거나, 어느 정도 미화시키고 극도로 민감한 부분을 제대로 묘사할 수가 없으며, 주변 인물들로부터도 역시 그 적나라한 상황을 듣기는 어렵다.

둘째, 아무리 그런 정보들을 얻는다 해도 나만은 안 그럴 거라는 생각을 하기 때문이다. 특히 크리스천들이 이런 생각을 많이 하는 것 같다. 더구나 크리스천끼리의 결혼을 고려하고 있다면, 상대의 신앙과 인격에 대해 더 큰 기대를 하게 된다.

2

우선 공통적으로 갖는 오해가 있는데, 그것은 상대방은 나만을 사랑할 것이고 우리의 사랑은 변치 않을 것이라는 생각이다.

모든 부부들의 사랑이 결혼 후에는 변한다는 말이 아니다. 결혼 후에도 사랑이 식거나 시들지 않을 것으로 기대한다는 것이다. 설령 그런 날이 오더라도 자신의 의지로 충분히 그 난관을 이겨낼 수 있을 것으로 여긴다. 그토록 헤매다가 나의 반쪽이 될 빛나는 사람을 찾았으니, 그 정도의 노력은 당연하다.

또한, 좀 먼 미래의 이야기지만, 내 자녀들은 아주 예쁠 것이며 속 썩이지 않고 잘 자랄 것으로 막연히 생각하기도 한다. 잘 키워낼 자신이 있고, 자녀들이 커서 자신을 흡족하게 해줄 것으로 기대한다. 그러나 아이들의 문제는 나만 잘한다고 되는 것도 아니고, 어찌 보면 사회 전체의 문제이므로 내 선에서 쉽게 조절할 수 없는 문제이다.

한편 남자들은 기대 반 믿음 반으로, 우리 어머니는 인격적이고 좋은 사람이므로 아내와 잘 지낼 것이리고 믿는다. 어쩌다가 문제가 생기면 그때그때 대화와 사랑으로 해결하면 된다고 막연하게 생각한다. 또 내 여자는 시부모에게 잘 할 거라고 기대한다. 여자들 역시 내 남자는 고부갈등이 있어도 자기편이 되어 줄 것이고, 친정에도 내 집 같이 잘하는 좋은 사위가 될 거라고 믿는다.

이밖에도 여자들은 남자가 가정적일 거라고 믿거나 당연히 그래야 한다고 생각한다. 남자들 역시, 여자는 결혼하는 순간부터 집안을 순리대로 잘 돌보아야 한다고 생각한다.

3

그런데 왜 이런 기대들이 생기는 걸까.

일단은 어느 쪽이든 상대방의 마음을 얻으려는 과정에서 온갖 좋은 이야기들과 약속을 하기 때문이다. 어떤 허황된 공약이든지 목적을 위해서 먼저 뱉고 보는 것이 미성숙한 정치인의 '일단 되고 보자'는 심리이듯, 결혼부터 하고 보자는 생각을 지닌 사람은 무슨 약속이든 흔쾌히 한다. 그러다 보니 나중에는 자기가 무슨 약속을 했는지조차 모르게 된다. 상대방은 이에 다소 미심쩍은 마음이 들면서도, 사랑하기 때문에 믿을 수밖에 없는 상황이 된다.

감당 못할 일에 대해 솔직하게 못하겠다고 하면 성사될 결혼이 흔치 않다는 것도 문제다. 하지만 과도한 공약은 괜한 기대만 부풀리고 대비해야 할 것들에 대해 소홀하게 만드는 더 큰 문제를 일으킨다.

4

그렇다고 결혼이 무덤이라는 이야기를 하고자 하는 것은 절대 아니다. 그럼에도 불구하고 의외로 잘 살 수도 있다. 그러나 크리스천을 포함한 현대인들의 심리는 매우 복잡하고 오염되어 있으며 병들어 있다. 가만 보면 크리스천의 삶에는 더욱 많은 고난이 있는 것 같다. 세상과 타협하지 않고 믿음을 지키고 사랑을 실천하며 다른 이들에게 본을 보이기까지 하려면, 그 삶이 절제와 인내와 고통과 시험의 연속일 수밖에 없다. 이런 것을 인정하지 않고 세상 사람들이 말하는 장밋빛 미래만을 꿈꿀 수는 없는 일이다.

그간의 경험을 기반으로 이렇게 글을 쓰고는 있지만, 나는 세상모르고 자신만만한 사람들 중 하나였다. 현실이 그리 만만치 않다는 것을 알게 되는 데 그리 오랜 시간이 걸리지 않았는데, 무엇보다 결혼에 대한 태도와 준비에 문제가 있음을 느꼈다. 결혼을 준비하는 크리스천이라면 자기 자신을 위해서도 기도해야 한다. 자신이 만날 배우자에 대한 기도는 열심히 하지만, 정작 자신이 준비된 배우자가 되는 일에는 기도도 훈련도 투자도 인색한 경우가 많다.

결혼에 대해 절대 오해하지 말라. 기대도 하지 말라. 그런 마음에는 뭔가 공짜로, 날로 먹으려는(?) 심리가 깔려 있다. 가정은 소중하고 아름다우며 천국 같은 곳이지만, 그렇게 유지되기 위해서는 끊임없는 인내와 노력과 희생, 그리고 대가가 필요하다.

지나친 기대는 실망과 배신감을 낳는다. 감사하지 않는 사람의 이면에는 언제나 분에 넘치는 기대가 도사리고 있음을 잊지 말라. 삶은 그것이 누구의 것이든, 화려하지도 초라하지도 않은 것이다. 심은 대로 거두는 원리처럼 삶에 성실히 임하는 태도만이 행복과 만족을 가져다 줄 것이다.

배우자 기도, 구체적으로 하라고?

1

우리는 가끔 어떤 말이나 교훈을, 성경보다도 더 권위 있고 신빙성 있는 것으로 생각하거나 마음에 담아두는 경우가 있다. 그런 말들 중 하나가 "배우자에 관한 기도는 구체적으로 하라"는 가르침이다. 그러나 나는 이 말에 반대한다. 이렇게 가르치는 분들도 다 이유가 있을 것이고 그런 생각이 틀렸다고 주장하는 것은 아니지만, 개인적으로 이 말이 다소 인본주의적이고 성경적이지 않다고 생각하기 때문이다.

간혹 배우자 기도가 그대로 이루어졌다는 간증을 듣는 경우도 있다. 어떤 여자는 배우자의 키와 몸무게까지 기도했는데 그조차도 응답을 받았다고 놀라워했다. 그런 간증이 귀한 것처럼 보이기도 하나…, 미안하지만, 이런 이들의 신앙은 아직 어린아이의 수준이 아닌가 생각한다. 준수한 키와 몸무게를 두고 기도해서 실제로 그런 남자를 만났다는 것도 그렇다. 아마 모르긴 해도 키 162센티미터에 몸무게 100킬로그램의 남자를 만나게 해달라고 기도하는 여자는 없을 것 같다.

알다시피 세상의 거의 모든 남자들은 오차범위 내에서 비슷비슷한 키와 몸무게의 여자를 원한다. 여자들 역시 남자의 경제력이나 키 등에 집착한다. 결국 배우자 기도를 하는 사람들은 다들 비슷한 기도를 한다는 말이다. 그러면 하나님은 누구의 말을 들어주셔야 할까? 이거야말로 축구에서 각 팀의 실력과 노력이 다 다르고, 팀마다 기도하는 선수가 있는데, 무조건 우리 팀이 이기게 해달라고 기도하는 것과 다를 바 없는 애매한 일이다.

장애인과 결혼해서 헌신적으로 살아가는 사람들이 있다. 이분들은 어떻게 기도했을까. 감히 추측해 보건대, 그들도 우리와 마찬가지로 구체적이든 막연하게든 '일반적으로 생각하는 좋은 배우자'를 기대하며 기도했을 것이다. 그렇지만 하나님의 생각은 달랐다. 하나님은 누군가의 손길이 필요한 부족한 자녀를 위해 그들을 예비하셨을 것이기 때문이다. 내 뜻과 하나님의 뜻 사이에서의 결정은 어때야 할까?

2

내 예전 직장 선배는 결혼과 동시에 해외에 나가는 것이 오랜 꿈이었는데, 마침 곧 미국 지사에서 근무하게 될 남자를 만난 것으로 기도가 이루어졌다고 좋아했다. 그런데 또 다른 사람은 그런 조건을 바라며 찾은 신랑과 함께 유학을 갔는데 몇 년 후 이혼을 하게 됐다. 알고 보니 미국에 가는 조건 외에는 너무나 형편없는 남자였고, 시댁 사람들도 매우 비상식적인 사람들이었다. 나중에 그녀는, 미국에 가고 싶은 생각이 앞서 신중하게 결정하지 못한 자신에 대해 뼈저리게 후회할 수밖에 없었다.

이런 외적인 조건이 아닌 성품을 위해 기도하는 것은 어떨까. 물론 가능하다. 하지만 하나님이 그 기도에 딱 맞는 사람을 눈앞에 데려다 주시거나, 주변 배우자 후보들의 성격이 돌연 바뀌는 일이 일어날까?

거의 모든 사람들은 신중하게 고르고 골라서 배우자를 선택한다. 그러나 살아가면서 문제를 만나면 너무 안 맞아서 도저히 못 살겠다고 한다. 한 번만 더 기회를 주면 잘할 것 같다고 생각하지만 마찬가지다. 사람은 누구나 단점을 가지고 있는데, 하나님은 두 사람이 결혼을 통해 서로의 단점을 보완하고 메꾸면서 살기를 원하신다.

배우자도 정복해야 할 타깃이라고 생각하는 이들이 있다. 그래서 일단 누군가를 찍으면 '저 산지를 내게 주소서'라며 그 주변을 일곱 바퀴 돌아 무너뜨리려고 한다. 사랑은 쟁취하는 것이라는 말에 너무 많은 영향을 받은 것 같다. 그러나 이삭도 야곱도 룻도 하나님의 섭리에 의해 예비 된 배우자인 리브가와 라헬과 보아스를 각각 만났다. 야곱은 라헬을 얻기 위해 오랫동안 종살이를 하고 고난을 겪으며 '아내 쟁취'의 목표를 향해 달려간 것처럼 보이지만, 실상은 하나님 앞에서 그의 유별난 성품을 연단 받은 것이다.

배우자의 조건을 골라서 내 입맛에 맞추는 것은 가능하지도 않으려니와 옳지도 않은 생각이다. 내가 변화되고 연단 받아 하나님과 사람 앞에 좋은 배우자가 되는 것이 먼저다. 결혼은 자기의 꿈을 이루는 도구가 아니다. 먹든지 마시든지 하나님의 영광을 위해 해야 하듯, 결혼도 두 사람이 함께 하나님의 뜻을 이루는 통로가 되어야 한다.

3

유대인들은 기도와 눈물로 오랜 기간 메시아를 기다려왔고, 지금도 기다리고 있다. 그들은 자신들이 원하는 구체적인 조건들을 충족하는, 세상 왕으로서의 메시아를 여전히 기다리고 있는 것이다.

예수님은 구약성경에 예언된 수백 가지 조건을 모두 충족시키는 진정한 메시아였지만, 유대인들에게는 혜안이 없었다. 예수님은 그들의 진정한 구원자였지만, 그들은 구체적인 조건들을 따지면서 예수님이 하늘의 왕국을 주실 진정한 왕임을 알아보지 못했다. 그저 선한 것이 나올 리 없는 나사렛 땅의 목수로만 여겼으며, 흠모할 만한 것이 없는 그의 조건들에 마음을 닫아 버렸다. 그 결과 그들은 폭도가 되어 하나님의 독생자인 메시아를 죽이고 그 대가를 혹독하게 치른 민족이 되고 말았다.

그들의 영적으로 강퍅한 마음은 끝내, 세상의 왕이며 정치적 해결사인 마지막 때의 적그리스도에게 환호를 보내는 최악의 오류를 범하게 될 것이다. 하나님이 보내신 배우자도 본인이 거부할 수 있는 자유가 있다. 그러나 그 대가는 고스란히 자신의 몫이 된다. 구체적인 조건 너머에 있는 가능성과 눈에 보이는 상황 너머에 있는 잠재성을 발견할 줄 알아야 한다.

4

배우자를 위한 구체적인 기도에는 내 욕심이 들어가기 쉽다. 금주 로또복권의 번호를 구체적으로 알려달라고 기도하는 것도 우스운 일이지만, 돈벌이의 수단으로 복권의 행운을 기대하는 것 자체가 옳지 않다는 것도 알아야 할 것이다. 부동산 투기가 크리스천에게 합당하지 않은 일인데도 몇 평짜리 아파트를 달라고, 혹은 이번에 어느 신도시에 한 채 더 당첨되게 해달라고 기도하곤 한다.

물론, 하나님이 이런 기도에도 응답하실 때가 있다. 그들의 신앙 수준에 맞는 은혜를 주시는 것이다. 콜라가 몸에 해롭다는 걸 알면서도 가끔은 어쩔 수 없이 사주게 되는 것이 부모다. 그럴 때면 아이들은 '우리 엄마 최고'라며 고마워하겠지만, 부모는 아이가 맛은 없지만 몸에 좋은 밥이나 야채도 잘 먹고 튼튼한 사람으로 자라길 간절히 바란다. 하나님 역시 우리가 한 차원 높은, 영적인 성도가 되기를 원하시는 것이다.

언젠가 깨달을 날을 기다리며 사랑하는 마음으로 응답해 주시지만, 하나님이 진정 원하시는 기도는 모든 것을 다 맡기며 그분의 주권을 인정하는 기도이다. 하나님의 섭리하심을 믿는다면, 늘 가장 좋은 것으로 채우길 원하시는 내 아버지라는 것을 안다면, 적당한 때에 하나님이 원하시는 방법으로 '주님 보시기에 좋은' 배우자를 주실 것으로 믿고 다 맡기라.

우리에게도 건전한 눈으로 부지런히 좋은 배우자를 찾고 분별하는 노력이 병행되어야 함은 물론이다. 그런데 흔히 하는 배우자 기도의 조건에는 신앙적인 것 외에, 다른 외적인 조건들도 많기 때문에 그런 조건들이 어느 정도 맞으면 그 사람이 하나님이 주신 배우자라고 여겨, 종교가 다른데도 어떻게 잘 되겠지 하며 안일하게 결혼에 나설 수 있다는 우려도 있다.

예수님 역시 당신이 원하시는 길이 있었고, 정말 피하고 싶은 일이 있었지만 "그러나 내 뜻이 아니옵고 오직 아버지의 뜻이 이루어지기를 원하나이다" 하고 기도하셨다는 걸 잊지 말아야 한다 눅 22:42. 결혼은 신랑 되신 예수 그리스도와 우리 성도들의 관계를 상징하는 것이다. 예수님은 우리를 신부로 인정하실 때 우리의 조건을 보고 택하지 않으셨다. 아마 조건을 따지기 시작했다면 누구도 쉽게 그리스도의 신부가 되거나, 구원을 받아 혼인잔치에 초대받지 못했을 것이다. 이는 어떤 조건이나 행위로 받은 것이 아니고 값없이 받은 선물이다.

배우자 기도는 꼭 필요하지만, 그 내용은 한번 생각해 볼 일이다. '멋지고 아름답고 성격도 좋은 킹카를 주시옵소서. 그러나 내 뜻대로 하지 마옵시고 진정 하나님이 원하시는, 내게 꼭 필요한 귀한 사람을 예비하셨다가 보내시면 제가 순종하겠나이다…' 예수님처럼 이렇게 기도하라. '그런데 기왕이면…' 하고 토 달지 말고.

의외의 복병, 드센 장모 처가월드

1

남자와 여자는 같은 과 동기였다. 남자가 한 살 어렸고 둘은 1학년 때부터 사귀기 시작했다. 1년쯤 사귀다 보니 삐걱거리는 일도 생기고 미래에 대한 고민도 하게 됐다. 남자는 모르고 있었지만 여자의 엄마는 딸의 상대가 못마땅했다. 그러다가 남자가 군대에 가고 두 사람은 여러 이유로 자연스레 이별하게 됐다.

1년 반쯤 후에 여자는 한 남자와 선을 보고 결혼을 결정한다. 서로에게 미련이 남은 것은 아니었지만, 좋은 친구이기도 했던 두 사람은 여자의 결혼식 며칠 전에 만난다.

"어떤 사람이야?"

남자의 물음에 그녀가 민망하다는 듯 대답한다.

"그냥…, 회사 다니는 사람이야. 나이는 좀 많이 차이 나고…."

"그렇구나, 축하해."

"많이 만나지는 못했어. 하지만 그 사람 말하는 걸 보고 자신감이나 책임감, 그리고 성실함을 읽었어. 그래서 결정하게 된 거야."

남자는 좀 뜻밖이었지만 좋은 말로 마무리를 했다.

"그래. 가서 잘 살고."

"응…."

그때 여자는 남자한테 미안한 마음이 들었는지 묻지도 않은 변명을 한다.

"전에… 엄마가 너무 반대를 했어…. 너한테 말한 것보다 훨씬 심하게 반대해서… 그래서 그걸 어기면서 어떻게 해보기가 힘들었어…."

남자는 대충 알고 있었지만 그 정도로 심하게 반대한 줄은 몰랐다. 한두 번 마주칠 기회가 있었지만 그녀의 어머니는 그를 조금 특별한 친구로도 인정해 주지 않았었다. 여러 친구들과 인사할 기회가 있었지만 그때도 그녀의 어머니는 남자에게 따로 눈길을 주거나 하지 않았다.

"너도 알다시피 엄마가 더 생활력이 강하고 능력도 더 있어서 아빠 일자리를 엄마가 다 알아서 챙겨주고 할 정도였으니까… 딸인 내가 똑같은 삶을 살까봐 반대하셨던 것 같아. 사회에 나가 기반을 잡으려면 시간도 많이 필요한 상태였으니까…."

남자는 은근히 자존심이 상했지만 이제 와서 따질 필요도 없었다. 그렇게 그녀는 사회적으로 안정된 좋은 직장에 다니는 남자와 결혼을 했고, 아이 둘을 낳고 살았다.

2

남자도 몇 년 후 결혼을 했고 세월이 15년쯤 흘렀다. 한번은 동창회 모임 뒤에 둘이 잠깐 이야기할 시간이 있었는데, 남자는 여자의 가족에 대해 물었고 여자는 두 아이의 사진을 남자에게 보여 주었다. 그러고 나서 얼마 안 가 남자는 여자의 이혼 소식을 들었다. 남자는 솔직히 예정된 이혼이었다는 느낌도 들었지만, 무슨 이유로 이혼까지 하게 됐는지 정확한 내막은 잘 몰랐다.

여자는 꽤 영악하고 실속을 중시하는 스타일이었기 때문에, 엄마의 말에 따라 결혼을 결정했을 것임은 알고 있었다. 하지만 착한 편이라 웬만해서 이혼할 것 같지는 않았다. 남편의 성격이 어떤지는 몰라도, 엄마의 지나친 참견이 좋지 않게 작용을 했거나 결정적으로 둘 사이를 가르는 데 큰 역할을 했을 거라는 생각이 들었다.

3

이 사례 외에도 너무 '똑똑한' 엄마들이 딸의 장래를 망치는 경우는 많다. 솔직히 어떤 부모도 자기 자식이 과분한 상대를 만나 훨씬 이득이 되는 결혼을 했다고 생각하지는 않는다. 아무리 따져 보아도 자기 자식이 좀 아깝고 나름대로 손해를 보았다고 생각하기가 쉽다. 전반적인 조건이 월등히 좋은 상대를 만나도 다 내 자식이 똑똑하고 잘나서 그렇다고 생각하는 것이다. 재벌 2세 아니라 어느 나라의 황태자나 공주와 결혼을 해도 그런 생각은 변함이 없을 것이다.

사회에서 여성의 역할이 커짐에 따라 여자들의 목소리도 커지고 있다. 집안에서도 물론이다. 여자가 집안을 챙겨야 잘 돌아간다는 생각이 지배적인 요즘이다. 물론 틀린 말은 아니다. 남자들은 든든하고 믿음직스러운 면도 있지만, 세심하지 못하고 다소 철딱서니 없는 면도 있기 때문에 작은 것부터 섬세하게 배려하는 안목은 부족한 것이 사실이다. 마치 이삭이 자기의 두 아들 중 맏이인 에서를 축복하려다가, 부인인 리브가의 계략에 속아 야곱을 축복하는 것처럼 말이다.

이삭은 눈이 어두워 자기의 두 아들을 알아보지 못했다. 이삭은 평소 좋아했던 에서의 사슴요리를 원했지만, 리브가는 양고기를 에서의 사슴요리로 속여 야곱을 통해 이삭에게 준다. 또 털이 많은 에서처럼 야곱의 팔에 양털을 붙여 이삭이 에서가 아닌 야곱을 축복하게 유도한다.

이렇게 남자들은 집안 돌아가는 것에 대해 잘 모른다. 꽤 활동적이고 현명하다는 소리를 듣는 장모들은 자신의 판단이 무조건 옳다고 생각하고, 주변에 만나는 사람들에게서 얻은 정보를 교과서로 믿고 있는 경우가 많다. 또 그들과의 경쟁에서 뒤처지는 사위를 인정하지 않는다. 그런 장모들은 도무지 '용납'을 모른다. 사위가 실수를 하거나 딸에게 소홀할 때마다 자꾸만 본전 생각이 난다. 그럴 때면 전에 놓친 다른 혼처에 보냈더라면 어땠을까, 아니 서두르지 않고 조금만 더 기다렸더라면 진짜 킹카 사위를 보지 않았을까 하는 생각에 입맛을 다시기도 한다.

　장모의 이런 생각들은 은연중에 언뜻언뜻 드러나서 그 심중을 읽는 사위의 마음에 불쾌함과 서운함을 넘어 반발심까지 생기게 한다.

4

문화가 서구화되면서 우리나라도 점점 서양처럼 고부간의 갈등 못지 않게 사위와 장모의 갈등이 커지고 있다. 유명 연예인 중에도 부부싸움에 장모가 끼어들어 재산과 양육권 등에 관한 소송을 하는 경우가 있다. 이런 장모들의 소신을 더욱 굳게 하는 것은 역시 자기 경험이다. 이렇게 살아보니 못 쓰겠더라, 내 딸만은 내 삶의 어두운 부분을 물려주고 싶지 않다, 혹은 이렇게 살아보니 좋더라, 그러니 너도 나처럼 이렇게 살아라 하는 식이다.

　사위가 바보 같은데도 사랑하고 아껴줄 장인·장모는 없다. 흔히 며느리 사랑은 시아버지이고 사위 사랑은 장모라고 한다. 처음엔 누구나 장모에게 '백년손님'으로 환대를 받지만, 그건 어디까지나 또 하나의 자식으로서보다는 자기 딸을 행복하게 해줄 사람으로서 갖추는 예의다. 딸에게 계속 잘해야만 그는 손님으로 대접 받을 수 있고, 또 얼마간의 검증을 통과해야 비로소 그 집의 가족 구성원이 될 수 있는 것이다.

장모가 너그럽게 용납할 줄 아는 사람이라면 그 남자는 정말 행운이다. 때마다 사위에게 한약을 해다 먹이고 딸네 집에 돈을 보태주는 것보다 훨씬 중요한 것은, 딸자식의 가정을 조용히 지켜보며 하나의 독립된 가정으로 인정해 주는 마음과 자세다. 자기가 나서서 좌지우지하고 교통정리해 주고 뒤치다꺼리해 줘야 할 문제가 결코 아니라는 사실을 인정하는 것이 진짜 배려다.

5

무슨 일만 있으면 쪼르르 달려가 털어놓고 일러바치고 남편의 흠을 들춰내는 여자들도 문제지만, 그 이전에 어른인 어머니가 너그러우면서도 중립적인 자세로 보다 크고 넓은 안목으로 처신하는 것이 더욱 중요하다고 하겠다. 자기 자식이 귀한 만큼 남의 자식도 귀하다는 것을 알아야 한다.

장모는 존경하고 잘 모셔야 할 또 한분의 어머니다. 하지만 친정엄마 같은 시어머니가 없듯, 친엄마 같은 장모도 없다. 영어로도 'Mother-in-law', 법적인 어머니 아닌가.
만일 장모 될 분이 드세거나 월권행위를 할 소지가 있어 보이면, 결혼을 재고할 필요가 있다. 그럴 수 없다면 때때로 맞이하는 상황들에서 부부가 이미 독립된 하나의 가정임을 명확히 해야 한다. 그리고 이제는 누구의 참견도 받지 않을 권리가 있음을 분명하게 알리고, 모든 문제를 두 사람이 스스로 해결하는 성숙한 습관을 가져야 할 것이다.

결혼하기 좋은 남자가 따로 있을까?

1

세상에 널린(?) 남자들 중에 연애하기 좋은 남자와 결혼하기 좋은 남자가 따로 있을까? 보통 철이 든 후에는 남자를 고를 때 연애와 결혼에 적합한 남자를 따로 찾지 않는다. 단기간의 관계보다 먼 미래를 무의식중에 염두에 둘 수밖에 없기 때문이다.

개중에는 연애와 결혼을 따로 분리해서 생각하며 실컷 즐기고 놀다가도, 결혼을 할 때는 소위 말하는 일등 신랑감을 골라 새롭게 출발하는 여자도 없진 않을 것이다. 그러나 보통의 여자들은 연애와 결혼을 위해 일부러 두 종류의 남자를 만나거나 하진 않는다. 하지만 연애와 결혼은 그 언어부터 다르기 때문에 각각 적합한 남자는 따로 있다. 두 가지에 다 적합하거나, 연애가 끝나고 결혼에 접어드는 즉시 모드를 바꿀 수 있다면 다행이겠으나 그건 쉬운 일이 아니다.

어떤 남자든 어느 한쪽으로 많고 적게 기울어 있기 마련이다. 그렇다면 연애보다 상대적으로 길 수밖에 없는 결혼생활을 위해 '결혼하기 좋은 남자'를 선택하는 것이 더 현명할 것이다. 그러나 결혼은 대개 터질 듯한 사랑의 결실인 경우가 많기 때문에, 연애하기 좋은 남자와 사랑에 빠지면 별수 없이 그와 일생을 같이하게 된다. 양지가 음지 되고 음지가 양지 된다는 말처럼, 연애할 때는 재미있던 남자가 결혼생활에서는 단점투성이의 남편이 되고, 연애할 땐 따분했던 남자가 결혼하고 보니 안정적이고 믿음직한 남편이 될 수 있는 것이다.

2

여자들의 경우 취향이 나이에 따라 달라지기도 하지만, 이상형은 자기의 성향이나 가치관에 따라 대개 고정돼 있다. 그래서 결혼 전이나 후나 이상적인 남성상을 마음에 품고 있는 경우가 많다. 간혹 그와 비슷한 이미지를 가진 캐릭터가 드라마에 등장하기라도 하면, 그 탤런트가 실제로 그런 성품을 갖고 있기라도 한 듯 열광하고 동경하기도 한다.

연애하기 좋은 남자는 쉽게 말해 광기를 가진 남자다. 사랑하는 사람을 보기 위해 십 리 길도 달려갈 줄 아는 적극적인 사람이다. 질투심도 많고 열정도 대단해서 언제나 최고조의 사랑이 아니면 만족하지 않는다. 안정적이고 모범생 같은 사랑은 안 하느니만 못하다고 여길 정도다. 이런 남자와는 지루할 틈이 없는 대신 늘 긴장의 연속이다. 이들은 한마디로 다혈질이라서 슬픔도 기쁨도 사랑도 미움도 극과 극을 달린다. 이렇다 보니 연애하면서 다투는 일이 많고 의견충돌도 많을 수밖에 없다. 그런데도 도저히 쉽게 벗어날 수 없는 스타일이다.

반면에 결혼하기 좋은 남자는 이성적이고 차분하며 착하고 좋은 사람이다. 그리 재미는 없어도 늘 속으로 사랑하면서 잘 참아주고 이해하려고 애쓴다. 결혼도 연애의 연속이기를 바라는 여자들에게는 이런 모습이 가끔 답답하게 느껴지기도 하지만, 이내 그것이 배부른 소리라고 자신을 타이르게 된다. 왜냐하면 그것이 다 성숙한 사랑의 배려라는 것을 서서히 깨닫게 되기 때문이다.

3

'연애하기 좋은 남자'는 술도 많이 마시고 담배도 잘 피우는 경우가 많다. 아니, 그런 것과 잘 어울리는 이미지를 가지고 있다. 그러나 담배든 술이든 광기와 가까운 것은 결혼과는 전혀 어울리지 않는다. 그들은 결혼생활에 잘 적응하지 못한다. 어르신들에게도 효도하고, 집안의 대소사를 잘 챙기고, 가사를 도와주는 자상한 남편이 되고, 아이들에게 간접흡연을 시키지 않는 것은 물론, 유치원 참관수업에 가서 천진난만하게 같이 율동도 해줄 수 있는 너그러운 아빠가 돼야 하는데 어색하기만 하다.

절제의 연속이며 별 재미도 없고 가증스러운 모습이 많이 요구되는 생활, 외부활동보다는 가족 위주의 단란한 삶이 영 맞지 않는 옷을 입은 것만 같다. 예전처럼 연애하는 기분으로 살고 싶지만 여건은 따라주지 않는 것이다.

그러나 다소 밋밋했던 '결혼하기 좋은 남자'는 결혼과 동시에 진가를 발휘한다. 어르신들도 잘 챙기고 장모와도 30분씩 통화를 하는 등 집안에서 칭찬이 자자하다. 아내보다 설거지를 더 깨끗이 하고 아이들과도 두어 시간씩 잘 논다. 그의 시각은 늘 가정에 초점이 맞춰져 있다. 바깥일보다는 집안일에 더욱 신경을 쓰는 사람이라서 큰 재미는 없어도 잔소리할 일은 별로 없다.

하지만 마찬가지로 여자도 연애에 어울리는 스타일과 결혼에 어울리는 스타일이 있기 때문에 선호하는 남자는 제각각이다. 결혼생활이 안정적이지 못해도 미지근한 연애는 싫을 수 있고, 연애보다는 긴 결혼생활의 안정을 원할 수도 있다.

그러나 많은 이들이 서로 딱 맞는 사람을 만나지는 못하는 것 같다. 연애에 적합한 두 남녀가 만나면 너무 감정적이라 가정이 잘 굴러가지 않는다. 결혼에 적합한 두 사람이 살다 보면 무기력해지고 느슨해지는 경향이 있다. 인간의 삶은 어쩌면 이리도 얄밉도록 치밀하고 상호보완적인 구조로 이루어져 있단 말인가! 그렇다고 일부러 선호하지 않는 반대의 사람을 고른다는 것도 우스운 일이 아닌가.

보통 결혼해 보면 연애할 때는 몰랐는데 자기와는 반대인 경우가 많다고 한다. 어차피 살아야 할 인생이고 어차피 해야 할 결혼이라면, 자기가 처한 상황에서 어떻게 대처하느냐가 중요할 것이다. 연애에 적합한 남자라고 해서 결혼과 동시에 폐기처분할 수도 없고, 결혼에 적합한 남자라고 해서 연애도 하지 않고 바로 예식장으로 갈 수는 없는 노릇이니까.

연애하기 좋은 남자는 그 장점을 살려 로맨틱하고 감동적인 삶을 살도록 노력하면서, 그에게 맞지 않는 가사와 가정의 자잘한 일들을 너무 강요하지 않는 것이 좋다. 그의 광기는 언제 폭발해서 그를 일탈의 지경으로 몰아갈지 알 수 없고, 그의 위험한 감수성은 또 어느 순간 빛을 발하여 그 시선을 빼앗길지 모른다.

반대로 결혼하기 좋은 남자에게 적극적인 몸짓과 열정적인 눈빛이 없음을 원망하지 말아야 한다. 그의 장점을 살려 자상하고 좋은 남편, 좋은 아빠임을 칭찬하면서 좀 더 연애하는 듯한 느낌을 갖도록 이쪽에서 먼저 배려하면 되는 것이다.

어떤 남자에게도 100퍼센트의 성향은 없다. 그렇다면 그에게 부족한 것을 불평할 것이 아니라 더 키워주고, 그래도 모자라면 내가 채워주면 된다. 결혼은 그래서 하는 것이다.

형제 서열에 따른 배우자감의 특징

1

워낙 많은 변수가 작용하는 인간의 행동 패턴을 형제 서열만으로 간단히 분석·정의할 수는 없다. 맏이 같은 막내도 있고 둘째 같은 맏이도 있듯이 사람은 저마다 다르다. 부모의 성향과 연령, 양친과의 동거기간, 가정 형편, 형제의 수와 성별 및 그들의 기질, 성장기의 주요 사건, 타고난 성격 등이 저마다 다르기 때문이다.

그러나 결혼은 신혼 기간이 지나면 더 이상 달콤쌉싸름한 남녀 간의 연애가 아니라, 가족 간의 동거이며 형제간의 공동생활에 가깝다. 이것을 자꾸 남자와 여자로만 해석하면 풀리지 않는 부분이 있기 마련이라 형제관계와 성장과정은 생각보다 중요한 요소가 된다.

배우자를 선택할 때, 또 결혼해서 살다가 어려움을 만날 때 상대방의 형제관계와 자라난 환경 등에 숨겨진 이야기들을 조금씩 풀어내 보면 의외의 해답을 얻을 수 있다. 물론, 그 해답은 만병통치의 처방이 아니라 내 쪽에서 용납하고 이해해 줄 수 있는 여지를 발견하는 계기로 받아들이는 것이 바람직하다. 또한 자신의 성장환경과 형제들과의 관계에 대해 진지하게 들려주는 것도 상대방에게는 도움이 되리라고 본다.

우리가 형제들과 사랑하고 부대끼며 살아온 것은 어쩌면 인생의 3

분의 2를 차지하는 결혼생활을 위한 준비이거나 연습일 수도 있다. 애인이나 배우자의 많은 조건 중 하나인 형제관계와 서열을 유심히 들여다보면 '그러려니~하는' 마음의 여유와 지혜를 얻을 수 있을 것이다.

2
맏이, 집안의 기둥이거나 골칫거리
성격의 특징

맏이는 극단적인 두 가지 패턴을 보인다. 먼저 우리 민족이 쉽게 떠올리는 전형적인 맏이의 모습이 있다. 아버지가 없으면 가장의 역할을 하기도 하고, 동생들을 위해 진학을 포기한 채 일찌감치 직업전선에 뛰어드는 등 희생적인 모습을 보여준다. 그런가하면 부모 의존적이고 장자로서의 대접만 받으려는 맏이도 있다.

경제 발전 이후인 최근의 양상들을 보면 후자가 더 많은 것 같다. 어렵던 시절에는 동생들과 나이 터울도 많고, 형제 수도 많기 때문에 맏이가 부모의 역할을 대신하는 경우가 많았지만 그야말로 옛날이야기다. 요즘은 의존적이고 다소 이기적인 맏이들이 -특히 아들- 많은 것 같다.

맏이들이 자기도 모르게 다른 형제들보다 자신을 우월하고 중요한 존재로 인지하는 이유는 당연히 부모의 '외동아이'였던 기간 때문이 아닌가 싶다. 또한 이들은 대개 조부모에게도 지극히 귀한 존재로서 대우를 받고 자라게 된다. 그런 기간이 길든 짧든, 본인이 기억을 하든 못 하든 부모의 유일무이한 자식이었던 기간을 가졌던 이들이 맏이다. 그래서 맏이는 본능적으로 그것을 알고 자신의 존재감에 대해 열등감을 느끼지 않는다. 나중에 동생이 태어나면 높아진 자존감에 상처를 받아 혼란의 시기를 겪기도 하지만 이는 일시적인 현상이다.

한편, 맏이는 부모의 교육관이 형성되기 전에 태어나기 때문에 갖가지 시행착오를 겪어야 하는 임상실험(?)의 대상일 수밖에 없다. 어떻게 키우는 것이 좋은지조차 잘 모르는 상황에서 시작되는 맏이에 대한 양육은 일단 '정성'이다. 맏이에게는 대개 남다른 정성을 쏟는 것이 대부분이라 옷도 가방도 늘 새것이고 뭐든지 먼저 챙겨주는 것이 몸에 배어 있다. 동생들이 생긴다 해도 첫 자식에 대한 애정은 각별하다. 내리사랑이라고는 하지만 그건 어린 사람에 대한 표면적 애정인 경우가 많다.

부모는 늘 큰 자식이 잘 돼야 모든 일이 잘 되고 동생들도 잘 풀린다는 생각을 가지고 있는데, 그 때문에 사업자금을 대 주거나 전폭적인 지원을 했다가 낭패를 보는 부모가 많다. 맏이들은 부모에게 기대는 마음 때문에 배수진을 치지 않고 자립하려는 마음이 약해져 안이하게 대처하다가 실패를 경험하는 일도 많다. 부모는 동생들이 큰 자식을 무시할까봐 맏이를 늘 과대포장하고 실수도 자꾸 묻어주고 해결해 주려 하다 보니 갈등의 골이 깊어지고, 동생들의 불만은 쌓이게 된다.

 맏이의 결혼은 형제에게도 큰 영향을 미친다. 맏이가 늦게까지 결혼을 안 하면 동생들도 섣불리 결혼을 못 해 혼기를 놓칠 수 있는데, 이런 맏이를 부모가 감싸게 되면 결혼은 그 집안에서 그다지 중요한 통과의례가 아닌 것으로 전락할 수도 있으므로 가정의 파행적 운영(?)이 불가피하게 된다. 반대로 맏이가 잘 풀리면 좋은 선례가 되어 집안이 편안할 수도 있다.

배우자와 사랑 문제

동생이 있는 맏이들은 위와 같은 이유들로 인해 대개 명령 하달에 익숙하고, 남의 의견을 듣는 일에 비교적 서툰 경우가 많은 것 같다. 또 의젓해야 한다는 부담 때문에 애교스럽기보다는 무뚝뚝하거나, 부드럽다 해도 융통성이 적고 권위주의적인 사람이 많다. 또 고지식하고 자기 생각대로 하려는 경향이 있기 때문에 맏이들의 연애 상대나 배우자는 늘 동생이나 후배 취급을 당하는 듯한 느낌을 갖게 되어 갈등이 생기는 일도 많다. 이런 맏이들의 습성은 오랜 세월 동안 굳어진 것이므로 무작정 싸우거나 고쳐보려고 덤비다가는 관계 지속이 어려운 지경까지 갈 수도 있다.

 맏이들은 중간이나 막내 출신의 배우자를 만나야 잘 살 확률이 높다고 보는데, 맏이인 본인이 더 사랑하는 것보다는 상대방이 더 사랑해 주는 것이 좋다. 맏이에게 가장 치명적인 배우자는 무관심한 스타일이나 끝까지 주장을 굽히지 않는 고집 센 스타일이다.

여동생만 즐비한 맏아들은 떠받들어 키워지는 경우가 많지만 오빠로서의 책임감도 있어서 무책임하게 흐를 확률은 높지 않다고 하겠다. 단지 힘든 상황을 잘 못 견디고 자기 프라이드가 강하며 남의 기분을 잘 이해하지 못하는 성격 때문에 부딪힐 일이 많은데, 큰 자식을 바라보는 부모의 마음으로 키워갈(?) 배우자가 필요한 것 같다.

3
무엇이든 혼자, 모든 것이 첫 경험, 외동
성격의 특징

맏이면서 막내인 외동아이는 뭐든지 혼자 하는 수밖에 없다. 그러다 보니 동생들이 생기면서 겪는 혼란스러움과 그에 따른 생존방식의 재조정이 필요한 맏이들에 비해 경험도 적고 경쟁에도 익숙지 못하다. 따라서 당연히 사회성이 떨어지고 인간관계에 있어서도 남들이 집안에서 이미 마스터했을 일들을 뒤늦게 맞닥뜨리고 해결하면서 시행착오를 겪는 일도 많다.

외동아이는 힘들 때 가장 먼저 손을 내밀 수 있는 형제들이 없다는 것 때문에 모든 것을 외롭게 혼자 해나갈 수밖에 없는 단점이 있다. 반면에 옆에서 감 놔라, 배 놔라, 하는 형제들이 없기 때문에 편안하다는 장점도 있다. 도움이 되는 동기간도 많지만 솔직히 없느니만 못한 '진상' 형제 때문에 골치를 썩는 사례도 많기 때문에 배우자들 쪽에서 보면 장점이 될 수도 있다. 그러나 외동아이에 대한 부모의 관계는 좀 더 밀착돼 있고 형제의 역할까지 중복돼 있기 때문에 껄끄럽고 민감한 구석이 많다고 본다.

외동아이들은 대개 어떤 의도를 가지고 상대방을 대하거나 관계를 유지한다기보다 그때그때 행동을 취하는 편이다. 그도 그럴 것이, 어느 때에 어떻게 대처하는 것이 슬기로운 것인지 머리를 굴려본 경험, 즉 사회성이 부족하기 때문이다. 자라면서 가장 많은 시간을 함께 보내는 것이 형제간이고, 가장 만만한 것이 바로 동기간이므로 대개의 사람들은 사회에서 배워야 할 모든 것들을 유치원에 가기도 전에 형제들 틈에서 배운다. 흥부는 가난했고 놀부는 부자였지만, 놀부의 자식보다는 여럿이 뒤엉켜 함께 자란 흥부의 자식들이 훨씬 사회성이 높고 위기대처 능력이 높았을 것이다.

배우자와 사랑 문제

외동아이는 자기 혼자밖에 없기 때문에 독립적이기도 하지만, 부모가 남긴 유일한 혈육이기 때문에 언젠가 부모님을 책임져야 한다는 부담도 갖게 된다. 이런 부담은 배우자를 선택할 때 하나의 조건이 될 수밖에 없는데, 외동아들의 경우, 부모님을 모실 수 있는 배우자를 찾게 되고, 외동딸의 경우, 아들 못지않은 사위가 되어 줄 사람을 찾게 된다.

　이런 이들의 배우자가 될 사람들은 외동아이인 배우자에게 일반적인 사회의 규범이나 평균적인 사고의 안정성을 너무 기대하지 말고, 그들이 떠나온 가정에 대해 갖는 부담감을 이해해줘야 한다.

　이들이 형제가 많은 배우자와 결혼을 하는 것은 약이 될 수도 있고 독이 될 수도 있다. 외롭게 자랐지만 사람을 좋아하는 성향이라면 왁자지껄한 배우자의 집안 형제들에 대해 좋게 생각하고 친구처럼 의지할 수도 있다. 반면, 번잡스러운 것을 싫어하고 다른 이들과 부대끼는 것에 익숙지 않은 외동아이 출신이라면 그 자체가 어려움일 수도 있기 때문에 명절 때마다 다투게 되고, 배우자 형제들의 신변에 변화가 생길 때마다 골치 아픈 일이 생길 것이다.

4
버려진 존재감 속의 파격, 중간

성격의 특징

　중간에 낀 사람들은 늘 찬밥 신세인 경우가 많다. 넌 동생이니까 양보하라는 말이 잊혀질 만하면 넌 언니니까 참으라고 한다. 맏이는 맏이

라서 대우해 주고, 막내는 막내니까 배려해 준다. 군대에서도 고참은 떨어지는 가랑잎도 피한다고 다 도망가고, 막내는 귀엽다고 다 빼주기 때문에 궂은일은 다 중간의 일병과 상병이 한다. 형제간에도 이와 마찬가지인 일이 많다.

중간에 낀 사람들은 성장기 때도 가장 많은 고민을 하고, 자기의 정체성과 존재감에 대한 어려움을 많이 겪는다. 어쩔 수 없이 가장 빛을 보지 못하는 위치라고 할 수 있다. 그 때문에 중간 위치의 사람들은 나름대로 무언가 성취하는 일에 집착하는 경우가 흔한데, 그러다 보니 뒤늦게 자신의 장점을 발견하거나 자기가 자란 가정이 아닌 새로운 세상에서 인정받는 모습을 발견하는 일이 많다.

또한 있는 듯 없는 듯 얌전해 보이고 속 깊은 것처럼 보이는 그들이지만 자기도 모르는 일탈적 성향이나 반항심이 가슴속에 숨어 있는 경우도 많다. 그리고 이 부분은 성장기 때 가출과 반항으로 이어질 수도 있고 성인이 되어 남들은 모르는 파격적인 애정행각으로 나타날 수도 있다. 그래서 가정에서는 예스맨일 수도 있지만 나가서는 정반대로 튀는 스타일이거나, 의외로 자기 앞가림을 잘 해나가는 이들도 많은 것 같다.

이렇게 다른 형제들에 비해 고뇌의 자리인 중간 위치의 사람들은 성숙한 사람이 많다. 늘 참고 양보하고 위 아래로 치받히다 보니 그

안에서 살아남기 위해 고민을 하게 되므로 대인관계가 원만하고 다정다감해서 남의 이야기를 잘 들어주는 사람들이 많은 것 같다. 가정에서 받지 못한 것을 밖에서 받으려는 본능적 욕구가 그렇게 만드는 것인데, 그 때문에 맺고 끊는 것이 정확하지 못해 다각도로 애정관계가 얽히는 부작용도 많다.

배우자와 사랑 문제

중간 위치의 사람들은 구성원들 속에서 아웃사이더인 경우가 많지만, 오히려 밖에 나가면 알게 모르게 사람을 얻으려고 하는 경향이 있다. 그래서 자기 성격에 따라 친구와 이성에게 집착을 보이기도 하고 관계의 폭을 넓히려는 노력도 하게 된다. 이런 과정에서 상대방이 호의를 사랑으로 오해하는 일도 많아질 수 있는데, 박탈감을 지닌 채 자란 중간 출신들은 그런 사람들을 쉽게 떨어내지 못하고 관리하다가 낭패를 겪기도 한다. 그러나 결혼 이후에는 당연히 확실한 선이 필요하기 때문에 문제가 되지 않도록 잘 정리하는 것이 좋다.

이들에게 어울리는 배우자는 의젓한 맏이나 동병상련의 중간 출신이 좋을 것이다. 이들은 무엇이든 짚고 넘어가기보다는 늘 혼자 삭이는 것에 더 익숙하기 때문에 너무 섬세한 생활의 기술을 요하는 것은 좋지 않으며, 선이 굵은 사람이 잘 어울린다.

중간 위치에서 자란 이들이 내성적이라면 우울한 성향도 꽤 많이 지니고 있을 확률이 높다. 특히 여러 딸들 밑에 막내로 남동생이 있는 집의 셋째쯤 되면 험난한 자기와의 싸움을 통해 성장했을 가능성이 많기 때문에, 자신에 대한 실망과 가족들에 대한 원망 등으로 스스로를 괴롭히며 살거나 이따금 폭발하는 경우도 있다. 이런 사람들은 배려 깊은 배우자가 기를 살려 주고 인정해 주면서 함께 살면 좋을 것이다.

5
응석받이? No! 독립주의자, 막내

성격의 특징

막내들은 대개 애교가 많거나 자기가 속한 사회에서 해야 할 역할을 빨리 파악하는 편이다. 막내는 거의 태아 때부터 자기의 위치를 감지하기 때문에 태어난 이후에도 미련을 떨어 일을 그르치는 경우가 별로 없다고 한다. 부모의 사랑을 그야말로 '독차지'하는 시기가 한 번도 없는 막내들은 자기가 주인공이 아님을 애초에 알고 자라나기 때문에 스스로 생존의 길을 열어간다. 위 형제들이 실수를 하고 부모님으로부터 꾸지람을 들을 때마다 간접 체험을 통해 피해갈 방법을 터득하기도 한다.

흔히 막내는 귀엽게 키우기 때문에 응석받이가 되거나 스스로 뭔가 헤쳐 나갈 줄 모르는 부류로 생각하는 선입견이 많지만, 그런 스타일보다는 오히려 독립심이 강한 스타일이 많다. 왜냐하면 자라면서 형제들에 비해 능력이 떨어질 수밖에 없는 막내는 은연중에 형제들의 수준에 맞추기 위해 늘 노력을 하기 때문이다. 사실 막내가 느끼는 능력의 격차는 나이차에 따른 것임에도 불구하고, 함께 성장할 당시에는 열등감으로 다가오기 때문에 자기도 모르게 샘을 내거나 따라잡기 위해 애를 쓰게 된다.

 부모의 육아 원칙은 자식의 수가 더할수록 점점 느슨해지는데 그만큼 막내는 모든 면에서 투자의 대상이 아니다. 조금만 아파도 벌벌 떨며 병원 문턱을 드나들고, 행여 병균이라도 있지 않을까 진자리 마른자리 갈아 주던 엄마들도 둘째부터는 '너무 깨끗하면 면역력이 약해진다더라'면서 막 굴리기 시작한다. 막내쯤 되면 말할 것도 없다. 그래서 막내들은 스스로 해결해 나갈 부분이 의외로 많은 것이다.

 막내들은 '막내라서 그렇다'는, 즉 의존적이고 생각하는 게 어리다는 이야기를 듣기 무척 싫어하기 때문에 자립심도 강하다. 그래서 부모나 형제들에게 도움 받는 것을 싫어하고 스스로 당당히 일어서려 한다. 막내에게는 막내라는 것 자체가 콤플렉스가 되기 때문이다. 그 때문에 오히려 개인주의로 흐르기 쉽지만, 맏이들이 식구들에 대해 중압감을 갖는 것에 비해 자식으로서 갖는 책임감은 확실히 덜하다.

배우자와 사랑 문제

막내들은 왠지 어리고 자기밖에 모른다고 생각하기 쉬운데, 어느 정도 사실일 수도 있지만 이는 막내들의 타고난 자립심 때문에 '남의 도움 없이 나만 잘하면 된다'는 생각이 강한 탓도 있다. 아무튼 막내는 막내로서의 한계가 있을 수밖에 없는 것 같다. 본인은 한다고 하는데도 가족이나 배우자에 대한 배려는 늘 부족하기 때문에 막내와 결혼한 이들은 어려움을 겪기도 한다.

그런데 막내의 성향은 손위 형제들의 영향이 많다. 비즈니스와 리더십에 대해 논할 때 '2대6대2의 법칙'이 있는데, 어느 집단의 구성원이 열 명일 때 두 명은 슈퍼스타, 두 명은 미들스타, 세 명은 폴링스타로 나타난다는 법칙이다. 다시 말해서 20퍼센트는 출중하고, 60퍼센트는 평범하며, 나머지 20퍼센트는 부족하다는 것인데, 형제들 간에도 이 법칙은 거의 예외가 없다. 그 때문에 믿음직한 맏이가 있는 집에는 철없는 막내가 있기 쉽고, 사고뭉치 맏이가 있는 집에는 지혜롭고 일찍 머리가 자란 막내가 태어나기 쉽다. 막내를 파악하려면 다른 형제들을 잘 살펴야 한다.

막내들은 중간이나 맏이에 비해 호감 가는 스타일이 많고 유머가 많은 편이라 배우자는 다소 무뚝뚝한 성향의 맏이들이 서로 보완이 되면서 잘 어울릴 수가 있다.

'형만 한 아우 없다', '넌 어려서 잘 몰라', '쪼그만 게…' 등의 이야기를 듣고 자란 막내들은 무시당하는 것과 지는 것을 끔찍이 싫어한다. 그래서 유난히 승부욕이 강하고 부부간에도 지지 않으려 한다. 따라서 막내 출신의 배우자를 상대할 때 그 자리에서 승부를 내기보다는 한 템포 늦게 대처하면 좋다. 형제들 사이에서 사회성을 공부한 막내들은 이성을 갖고 자신을 돌아볼 시간적 여유를 주면 문제의 본질을 돌아보는 능력을 발휘하기 때문이다.

가정적인 남자 고르는 법

1

여자들은 어떤 남자를 원할까? 멋진 남자도 좋고 능력 있는 사람도 좋고 유머 있는 사람도 좋을 것이다. 하지만 이런 것들은 첫눈에 들어오는 매력은 될지 모르지만, 장기간 함께 살 남편감을 고르는 데는 그리 명쾌한 기준이 아니다.

결혼해서 살다 보면 많은 능력이나 멋진 외모 등이 그전처럼 큰 장점이 되지 않는다. 이런 남자의 아내로 살다 보면 가정의 조연이 되기 쉽기 때문이다. 그러나 가정에 주연과 조연이 따로 있을 수 없다. 모두 함께 만들어 가는 것이 가장 이상적인 가정일 테니까.

철이 든 여자들은 가정적인 남자를 원한다. 세상이 얼마나 험한지 알기 때문에 일과 승진과 성공에 미쳐 얼굴 보기도 어려운 일 벌레가 아닌, 술과 친구가 좋아 이틀이 멀다 하고 새벽 귀가를 일삼는 주태백이 아닌, 건실하고 다정다감한 사람… 가정이 모든 것의 우선순위가 되는 그런 사람을 원한다는 이야기다.

남자들도 마찬가지다. 섹시한 여자에 혹해서 그녀와 평생 밤을 보내고 싶기도 하고, 돈 많은 여자를 얻어서 팔자를 고쳐 보고 싶기도 하지만, 결국은 거의 모든 남자가 가정에 충실한 현모양처를 원하기 마련이다.

2

반대로 가정적이지 못한 남자들은 어떤 특징을 가지고 있을까. 정확히 그 경계선을 찾기는 쉽지 않겠으나 대략적으로 나눌 수 있는 기준은 있을 것이다.

우선 남자들만의 두드러진 취미를 가진 사람은 가정에 소홀하기 쉽다. 총각인 친구들과 자주 당구와 고스톱을 즐기거나, 휴일만 되면 낚시터를 찾아 혼자 훌쩍 떠나곤 하는 남자가 가정적일 수는 없을 것이다.

야망이 너무 큰 사람도 가정과는 거리가 멀다. 이런 사람들은 하루가 너무 짧아서 그 시간을 모두 미래의 성공을 위해 써도 모자랄 지경이다. 가정에서 소소하게 보내는 시간들은 무의미하고 조급하기만 하다. 시시껄렁한 TV 프로그램을 멍하니 들여다보는 것도, 아내와 할인마트에서 장을 보는 일에 쓰는 시간도 아까워서 뭔가 골똘히 생각에 잠기거나 아이디어를 짜내곤 한다.

결혼을 후회하거나 자유를 그리워하는 남자도 가정적일 수 없다. 그런 사람들은 가정에서 이루어지는 자질구레한 일들이 다 귀찮기만 하고 홀가분하게 혼자 지내는 것이 속 편하다고 생각한다.

이런 여러 가지 예들은 조금씩 양상이 다르긴 하지만 여자들도 마찬가지다. 가정보다는 사회생활이 적성에 맞는 여자들이나 가사를 어려워하는 여자들은 가정에서 겉돌 수밖에 없다. 이런 사람들이 이어가는 가정은 어딘가 안정적이지 못하고 구성원들은 왠지 모를 불안감으로 생활하기가 쉽다.

3

　가정을 이루고 조금 지나면 아이들이 태어난다. 자기 자식이 예쁘고 귀엽지 않은 사람은 없다. 그런데 남자들은 집에 와서 한동안 물고 빨고 변덕을 부려대다가도 10분도 못 돼서 아이를 옆으로 밀어 놓는다. 궂은일은 싫고 귀여운 모습만 보고 싶은 것이 일반적인 남자들의 마음이다.

　한낱 동물이지만 원숭이로 실험을 한 결과, 방에 넣어 놓고 바닥을 뜨겁게 하자 어미 원숭이는 새끼를 머리 위로 들어 올렸지만 아빠 원숭이는 새끼를 밟고 올라섰다고 한다. 이렇듯 부정이란 모정의 깊이를 따를 수 없는 것이다. 그래도 가끔 주변에서 아이들과 잘 놀아주는 아빠들을 본다. 조카들을 귀찮아하지 않고 하루 종일 놀아주는 삼촌도 있다. 이런 사람들은 대부분 사심이 없고 가정적인 사람들이다.

　관심사가 다른 곳에 있는 사람들은 아이들과 놀아줄 때 붕 뜬 모습일 경우가 많다. 뭔가 생각에 잠겨 있거나 억지로 때우는 경우가 많아서, 마치 쇼핑에 취미가 없는데 대형할인마트에 억지로 끌려온 사람처럼 시계만 들여다보는 일이 많다.

　이처럼 가정적인 남자를 고르려면 아이들과 노는 모습을 관찰하면 된다. 조카나 교회의 아이들과, 혹은 공원에서 마주친 아이들과 놀아줄 일이 있으면 그 남자의 반응을 살펴보라. 누구나 잠깐은 친절하게 웃어줄 수 있지만, 장시간 천진한 모습으로 함께 놀아주는 일은 자기 성향이 원래 그렇지 않으면 절대 할 수 없는 일이다. 억지로 될 수 없는 부분인 것이다.

가정적인 남자의 가치는 성공한 남자의 가치보다 더 상위에 있다. 세상은 많은 기준들로 멋진 남자와 성공한 남자를 분류하고 있지만, 행복이란 늘 가까운 곳에 있고 자기 주변이 행복한 사람은 밖에서도 행복할 수 있기 때문에, 천하를 가지고도 가정이 불안하면 그는 끝내 안정된 삶을 누릴 수가 없다. 그런 사람과 함께 사는 사람도 진정한 행복은 기대하기 어려울 것이다.

때론 단순하고 따분해 보일지 몰라도 가정적인 남자는 위대하다. 시간이 갈수록 그의 진가는 더욱 분명히 드러날 것이다. 그런 남자를 원하는 여자라면 결혼 전에 꼭 한번 테스트해 보라.

내 사랑에 고민이 시작될 때

1

어느 여성 독자가, 내가 연재하던 웨딩칼럼을 보고 이메일로 상담을 요청해 왔다. 30대 초반인 이 여성은 데이트 연결 업체를 통해 연하의 남자를 만났는데, 자신과는 다소 수준 차이가 나고 관심사 자체가 다른 것 같다고 고민을 털어놨다. 또 직업도 맘에 안 들고, 책을 읽거나 하는 등의 지적 호기심이 적어 보이는 데다, 다분히 유아적인 발상과 처신이 몸에 남아 있어 자주 다투게 된다는 것이었다.

이 여성은 결혼에 대해 어느 정도의 환상이 있었고, 최소한 자신의 배우자가 될 남자라면 수준이 비슷하거나 자신보다 좀 더 나아야 하는 것은 물론, 사랑의 환상까지 채워줄 매력남이어야 한다고 생각해 온 것이다. 물론, 사귀는 연하의 남자를 많이 좋아하고 있는 것도 사실이었다.

몇 가지 이야기를 들어 보니 그 상대 남자는 가정교육을 잘 받은 착하고 인격적인 사람임이 분명했다. 하지만 연애하는 동안 그 남자가 모르는 것들을 알려주고 설명하기도 이젠 지쳤다는 것이다. 매너 없는 말과 행동을 하면 싸우게 되는데, 일일이 설명을 하기 전에는 무엇을 왜 잘못한 건지 이해하지 못하고, 둘의 상황에 도움이 될만한 책을 사주어도 한 달 동안 반도 안 읽는 그런 남자였다. 이 남자를 두고 보자니 속 터지고 대책도 안 서는데, 막상 헤어지려니 남자가 실망할 것도 두렵고 솔직히 본인도 자신이 없다고 했다. 그 여성은 남자를 떠날 용기도 없고 열렬히 사랑을 이어갈 자신도 없었던 것이다.

2

또 다른 30대 여성은 오랜만에 두 명의 남자가 걸려 호강을 하고 있다며 행복한 고민을 털어놓았다. 두 명의 남자가 다 괜찮은데 한 남자한테 좀 더 끌린다고 했다. 그런데 문제는 그가 무신론자라는 점이었다. 좀 덜 끌리지만 같은 크리스천인 남자와의 사이에서 어떤 길을 택할지 고민하고 있었다.

그 무신론자 남자는 무척 매력적인 사람이라고 했다. 불같은 성미에 카리스마 있는 스타일이라 자주 부대끼고 통제가 어렵긴 하지만, 화내는 모습조차 멋져 보이는 사람이라는 것이었다. 반면에 크리스천 남자는 자상하고 착하고 참 괜찮은 사람이지만 만나는 동안 긴장감이 너무 없고 마치 소그룹 모임을 갖는 느낌이었다.

당연히 크리스천을 선택해야 한다고 머리로는 생각하지만, 당장 끌리는 남자를 거부하고 그 매력남을 '가지 않은 길'로 남겨 두기에는 한 번뿐인 인생이 너무 아깝다는 거다. 그렇지만 굳이 종교적인 이유가 아니더라도, 그 매력남과 함께하게 되면 평탄치 않은 삶을 재미나 스릴과 맞바꿔야 되는 모험을 택할 수밖에 없다. 그걸 포기하고 좀 따분하지만 같은 종교를 가진 사람과 평탄하고 모범적인 삶을 살면서 자족하며 살아갈 것인가…, 선택의 시간은 점점 다가오고 있는 것이다.

3

사실 이 글은 이런 상담자들의 고민 해소나 남녀 관계 분석, 개선방법 제시 등이 목적이 아니다. 이런 문제들을 어떻게 바라볼 것인지, 어떻게 선택하면 좋을지 이야기하자는 것이다. 이런 선택에 관련된 연애 상담의 경우, 상담자의 연애 상대를 안다면 모를까 전혀 모르는 상황에서 어떤 사람을 선택하라든가 버리라든가 하는 식의 단정적인 결론을 줄 수는 없다. 그저 들은 이야기에 입각해서 각각의 경우에 관한 장단점을 설명하고 약간의 추천을 할 수밖에 없다. 이처럼 낯선 상담자의 조언이 그들에게 어느 정도 영향을 미칠까.

사실, 어느 조언자의 조언도 이들에게 결정적인 영향을 미치기는 어렵다. 그저 자기 자신이 생각하는 결론에 동조해 주면 그 생각이 추진력을 얻게 되는 것이고, 전혀 생각지 못한 정보를 알게 해주면 그 정보를 고려 대상 중 하나로 추가하는 정도일 것이다. 무게가 비슷해서 평행선을 이루고 있는 시소에, 어느 쪽이든 새 한 마리라도 날아와 앉아주기를 바라는 심정 같은 것이다.

그래서 상담은 그것을 통해 결론을 도출하는 과정이라기보다는, 스스로 문제점과 생각을 이야기하는 동안 자기 마음을 알게 되고 그 안에서 결론을 얻어가는 과정인 것 같다. 내면에 갇혀 고민을 되풀이할 것을 누군가에게 털어놓음으로써 예상 밖의 결론에 도달하는 것이다. 왜냐하면 해답은 이미 자기 안에 있기 때문이다.

나는 첫 번째 상담자에게 몇 가지 장단점을 짚어 설명한 뒤 일단 사랑을 강조했지만, 그 남자와의 결합에 대해서는 60퍼센트 이상 부정적인 시각을 내비쳤다. 이에 그 여성은 답 메일을 통해 다소 후련함을 표시했고, 그 남자를 아주 많이 사랑하게 될지도 모르겠다는 말을 했다.

상담자가 반대하니 비로소 자기 마음을 알게 된 걸까? 그녀는 상담의 과정에서 그를 사랑하는 자기 마음을 알게 된 것 같았다. 그도 그럴 것이, 사랑하지 않으면 헤어지면 그만일 뿐 고민할 필요도 없기 때문이다.

두 번째 상담자에게는 직접 해결책을 제시하지 않고 되묻는 방법으로 상담해 주었다.

"무신론자와 결혼하게 되면 어떤 문제가 생길 것 같은가요?"

"인간적인 매력이 얼마나 오래 갈 것 같나요? 결혼생활에 많은 도움이 될까요?"

"좀 더 장기적으로 생각한다면 어떤 분을 선택하게 될까요?"

"기도해 본다면 하나님께서는 어떤 해답을 주실까요?"

이렇게 묻자 본인이 이미 생각한 것들을 말했다. 크리스천을 선택해야 할 것 같다, 그리고 무신론자를 선택할 경우, 당장은 좋을지 몰라도 그 대가를 치를 것 같다, 기도를 해봐도 같은 해답인데 거스를 경우 험난한 인생이 찾아올 것 같다고 말이다.

마음을 털어놓는 것은 아주 중요한 일이다. 예를 들어, 친구에게 자기 애인이나 배우자에 대한 험담을 했는데 친구가 얘기 잘 꺼냈다고 한 술 더 뜨면서 같이 욕을 하는 경우가 있다. 말을 꺼낸 본인은 약간 이상한 기분이 들면서, 나는 욕해도 남이 욕하는 꼴은 못 보겠다고 생각한다. 그러면서 자기 사람의 소중함도 깨닫고, 자신도 몰랐던 그 사람을 향한 마음도 알게 된다.

사랑을 대신 해줄 수 없듯이 결론 역시 스스로 내려야 한다. 그러기 위해서는 심사숙고와 함께 자신도 모르는 자기 마음을 어딘가에 털어놓는 것이 중요하다.

자기 소변을 마셔서 병을 고치는 '요료법'이라는 치료법이 있다. 이는 '자기 병의 백신은 자기 몸 안에 있다'는 사실에 근거한 방법이라고 한다. 사랑도 그렇다. 문제의 해답은 늘 자신에게 있다. 단지 사람이 더 큰 욕심이나 요행을 바라는 마음으로 자꾸만 해답을 부정하기 때문에 그 해답을 정면으로 들여다보거나 돌파하지 못하는 것뿐이다. 자기 안에 존재하는 고민 해결의 열쇠, 지금 당장 찾아보라.

그 사람은 정말로 내 편일까?

1

우리나라의 패거리 정치나 사회의 왕따 문제 등을 생각하면 "당신은 누구 편이냐?" 하는 물음이 참 유치하고 듣기 싫은 소리로 들릴 것이다. 그런데 사랑하는 관계에서는 이것이 굉장히 중요한 질문이 된다.

가끔 보면 우정이 중요하다며 친구랑 너무 자주 어울리거나, 효도가 우선이라며 부모님 말만 듣는 남편이 있다. 한편 남의 남편의 직업을 부러워하며 눈치 주는 부인도 있고, 배우자에게는 무관심하면서 자식밖에 모르거나, 오히려 자식에게 상대의 험담을 하는 부부도 많다.

그렇게들 하는 이유는 모두 자기편을 만들기 위해서다. 다시 말해, 자기도 모르게 연인이나 배우자보다 외부의 대상에게 더 가치를 두기 때문이다. 상대방이 미워서, 혹은 상대를 공격는 데 동조해 줄 사람을 찾기 위함일 수도 있다.

연인과 부부간의 서운함은 대개 '저 인간이 진짜 내 편이 맞나?' 싶을 때 생겨난다. 가족이 좋은 이유는, 내가 잘했든 못 했든 누구랑 싸우면 나서서 거들어주는 사람들이기 때문이다. 수준 낮은 가족 이기주의를 말하는 것이 아니다. 설령 나의 잘못이라고 하더라도 혼자 곤란하지 않게 나서서 수습해 주는 든든함을 말하는 것이다.

그런데 거기서 남의 눈치를 보느라 객관적인 잣대로만 판단해 잘 잘못을 가리며 제 가족을 비난하거나, 체면과 도덕을 따져서 타인의 손을 들어주며 합리적인 척하는 것은 잘하는 일이 아니다. 정말 내 가족이 잘못했어도 시간이 좀 지난 뒤에 조심스럽게 충고할 일이다.

2

사람이 누군가와 사귀고 결혼하는 이유를 좀 유치하고 간단하게 말한다면, '최소한 내 편을 한 명은 만들기 위해서'이다. 그러므로 어떠한 애정공세보다 더 큰 힘을 발휘하는 것은 그 사람 편에 서주는 것이다. 그렇게 상대방이 전적으로 내 편이라는 생각이 들때, 그 사람은 비로소 상대방과 오래 함께하기로 결단하는 것이 아닐까.

연인이나 배우자가 서로에게 좋은 충고나 단점을 말해서는 안 된다는 말이 아니다. 상대의 단점을 말하고 지적하더라도 비난이나 비방이 아닌 진심으로 잘 되길 바라는 마음에서 해야 한다는 것이다. 마치 축구 감독이 자기 선수들을 향해 소리를 지르고 야단을 쳐도 미워서 그러는 게 아닌 것처럼 말이다. 그런데 감독이 자꾸 상대편 선수들한테만 가 있고 그들만 칭찬한다면 얼마나 우스운 상황이 되는가. 그러나 이렇게 살아가는 사람들이 적지 않다.

물론 연인이나 배우자를 남들 앞에서 너무 추켜세우거나 지나치게 편들면 꼴불견으로 비칠 수 있다. 너무 일방적으로 지지만 한다면 상대를 교만하게 만들어 다각도로 생각하지 못하게 할 수도 있다.

연인이나 배우자는 상대가 남들에게 좋은 사람이 될 수 있도록 돕는 것이 마땅하다. 그러므로 진심으로 한 편이 되어주되, 그가 남들 앞에서 옳지 못한 행동을 하거나 잘못된 판단을 하는 경우, 대신 분별하고 도움을 줄 수 있는 또 다른 눈과 머리가 되어야 한다.

나의 연인이나 배우자가 나를 진정으로 지지하고 응원한다는 것을 알게 될 때는 어려운 일을 맞았을 때다. 작은 일에는 얼마든지 티격태격할 수 있지만 큰일 앞에서 믿어주는 것은 쉽지 않다. 그것은 정말 내 편일 때만 가능한 것이다. 그런 마음이 잘 전달된다면, 상대방은 나의 작은 충고나 조언을 결코 비난과 조롱으로 받아들이지 않을 것이다.

3

한편, 마음에 드는 누군가를 내 편으로 만들기 위해 과도한 수단을 동원해시는 안 된다. 초반부터 너무 큰 고민과 비밀을 말하거나 특정한 상황을 꾸며 자기편으로 만들고자 하면, 상대방은 그것이 사랑 때문인지 연민이나 소유욕 때문인지 알지 못한 상태에서 다가가게 되고, 그 부작용은 관계 속에서 불거질 수 있다.

만약 사랑하는 사람이 있다면 자기가 진짜 그 사람 편인지 잘 생각해 볼 필요가 있다. 단순한 욕심이나 다른 이득을 위해서, 아니면 나의 필요로 옆에 두기 위해 자기가 상대방의 편이라고 믿어버리는 것은 아닌지 잘 점검해 보아야 한다. 사랑한다면 그의 편이 되는 것이 당연하기 때문에 진짜 그의 편이 되는 것은 아니기 때문이다.

그리고 내 편인 척 호의를 보이며 다가오는 이들은 조심해야 한다. 진심어린 호의나 진정성 있는 응원은 말이나 선물이 아닌 행동으로 보여 주는 것이다. 그러므로 아무리 외롭고 허전하더라도 다가오는 사람이 모두 내 편이라고 성급하게 판단해서는 안 된다.

누군가 든든히 내 편이 되어준다면 나는 악몽을 꾸지 않을 것이다. 또 그 사람이 정말 믿을 만한 사람이라면, 아빠의 넓은 가슴을 믿고 높은 곳에서 몸을 던지는 아이처럼 든든할 것이다. 평소에 관계가 소원한 사이라도 내가 곤경에 처했을 때 일단 내 편에 서서 생각해 주는 사람이라면, 그 관계에는 희망이 있다.

'자기편 한 사람'을 가진 사람은 아무리 힘들어도 세상을 등지지 않는다. 그리고 그는 어디로도 떠나가지 않을 것이다.

사랑할 때 버려야 할 아까운 것들

1

'포기란 배추 따위를 셀 때나 쓰는 말이다.'

　어느 학급의 급훈이라는 이 말은 들어본 사람이 많을 것이다. 이처럼 사람들은 '포기'를 수치로 여긴다. 그리고 포기하지 않는 불굴의 정신만을 미덕으로 생각하는 경향이 짙다. 성공지향 사회가 되어가는 현대에는 더욱 그런 것 같다. 오늘날 많은 이들이 무엇이든 달성하려 하고 가지려 한다. 버리고, 놓아주고, 남 주고, 포기하는 일에 점점 익숙지 않은 세상이 되고 있다.

　그러나 포기할 줄 아는 사람은 행복한 사람이다. 버리지 못하고 끌어안고 있는 사람은 그 삶이 편하지가 않다. 그렇다면 연애에 있어서, 또 결혼에 있어서 '포기'는 왜 중요한 것일까.

　한 저명한 작가가 이런 말을 했다. 중년이 되면 이전에 생각지 못한 새로운 세계가 열리는데, 많은 이들이 중년이 되어서도 이전의 즐거움과 과거에 누렸던 방식의 기쁨만을 찾으려 하다 보니 불륜에 빠지게 되고, 그로 인해 인생을 망치거나 허비한다고 말이다.

　중년도 노년도 젊을 때 생각한 것처럼 따분한 것만은 아니다. 1943년생인 롤링스톤스 1960년대 록그룹의 믹 재거는 20대 초반에 이런 말을 했다고 한다.

"마흔이 넘어서 'Satisfaction'자신의 최고 히트곡을 부르느니 차라리 죽어 버리겠다."

그런데 그는 40대 후반에 재기하여 환갑이 넘은 지금까지 여전히 공연을 하고 있다. 젊을 때의 생각이란 이런 것이다. 결혼을 무덤으로 생각하고 노년을 무가치하게 여기곤 하지만 어디까지나 편견이다.

사실 우리는 인생의 성공을 무언가 끊임없이 탐하고 획득하는 것으로 오해하곤 한다. 학교에 들어가면 부모가 자전거를 사주고, 중학교에 가면 휴대폰을 사준다. 고등학생이 되면 내 방을 갖게 되고, 어른이 되면 연인을, 결혼을 하면 가정과 자녀를 갖게 된다고 생각하기 쉽다.

그러나 조금만 돌아보면 우리가 포기하는 것들도 많다는 것을 알 수 있다. 안락한 어머니의 자궁으로부터 나와야 하고, 젖을 떼야 하고, 하루 종일 놀고먹는 일상을 뒤로 하고 학교에도 가야 한다. 어른이 되면 부모님의 그늘이나 경제적 원조도 버려야 하고 자기 능력으로 살아야 한다. 또 결혼과 동시에 많은 이성들을 포기해야 하고, 세월이 지나면 인생 최고의 기쁨을 맛보게 해주었던 자녀가 품에서 떠나가는 것도 지켜보아야 한다. 그리고 사랑하는 이들을 먼저 보내거나 그들을 두고 떠나야만 하는 시간도 불시에 찾아오게 된다.

이렇게 많은 포기의 순간마다 그것들을 놓지 않으려 버둥거린다면 그 사람은 불행에 빠질 수밖에 없고, 이내 삶의 괴리현상 속에서 허덕일 수밖에 없다.

내가 아는 어떤 여자는 결혼을 해서도 이전에 즐기던 것들을 버리지 않았다. 처녀 적에 자주 가던 클럽에 계속 드나든 것이다. 몸은 아줌마가 되어 가는데, 젊은 애들 눈치도 아랑곳 않고 물을 흐려가면서(?) 기회만 되면 밤 외출을 하거나 외박을 일삼기도 했다. 그러다 보니 자연히 가정에 문제가 생겼고 정상적인 운영이 불가능하게 됐다. 끝내 그녀는 불행을 자초했지만 그럼에도 여전히 그 즐거움만은 버릴 수가 없었다.

2

어떤 이가 결혼 후에도 대학 동창회에 열심히 나온다든가, 미혼 때와 마찬가지로 여전히 야근과 밤샘을 하며 열심히 일한다는 이야기를 들으면, 흔히 칭찬을 하거나 남들보다 하나 더 가진 아주 괜찮은 사람으로 생각하는 경향이 있다. 그러나 이들은 그 한 가지를 포기하지 않음으로 인해 얻을 것을 얻지 못하는 것이다.

그가 여전히 동창회 활동을 하는 시간에 다른 기혼자들은 가족들과 새로운 취미를 찾아 함께 즐기고 있을 수도 있고, 야근과 밤샘을 해서 이력서에 한 줄 더 보탤 거리를 만드는 동안 가족들과 조촐한

파티를 하거나 공원에서 자전거를 타고 있을 수도 있다. 포기하지 않았기 때문에 잃는 것이 분명히 있다.

종로와 명동과 대학가는 늘 붐빈다. 그곳은 늘 연인들로 북적거린다. 연애하면서 그런 데 한 번 안 가본 사람들이 있을까. 그러나 그렇게 자기 집 마당처럼 편안하게 다니던 곳도 세월이 지나면 갈 일이 별로 없다. 거리의 표정도, 그곳에 다니는 사람들도, 익숙한 카페들도 이제는 많이 바뀌어 있어서 낯설고 또 아쉽다. 하지만 그런가 보다 한다. 모든 연인과 부부들이 그런 변화가에서의 연애를 계속한다면 어떻게 될까. 아마 매일 저녁이 월드컵 때의 시청 앞 광장보다 몇 십 배는 복잡하지 않겠는가. 포기란 이런 것이다. 억울할 것도 없고, 그냥 놓아주는 것이다. 젊은이들에게 홍대 앞을 내어주는 것처럼 말이다. 내 것들은 처음부터 내 것이 아니라 살아가는 과정에서 잠시 얻은 것들일 뿐이다.

자식이 품에서 떠날 때 큰 심리적 공황을 겪는 부모들이 있다. 늘 자기가 챙겨줘야 한다고 믿었고 가정보다 더 소중한 것이 생길 리 없다고 믿었던 자녀가 밖으로 돌기 시작할 때 큰 상처를 받는 것인데, 이것도 포기하는 준비를 미리 하지 못했기 때문에 생기는 일이다.

3

진지한 연애 상대를 만나게 되는 것은 좋은 일이지만, 다른 측면에서 보면 더 이상 다른 이성을 넘겨다 볼 기회를 버려야 하는 일이 된다. 그때부터는 책임도 따르게 된다. 하지만 그러고 난 뒤에도 포기하지 못하고 계속 다른 곳을 기웃거리면 그 사람은 이도 저도 가지지 못하게 된다. 더구나 결혼을 전제로 누군가를 만날 생각이거나 이미 만나서 준비 중이라면 서서히 포기하는 연습을 해야 한다. 여전히 친구들과 만나 밤새 놀며 아내를 혼자 둘 생각이거나, 신혼집 방이 낯설고 집안일이 부담스러워서 친정에 더 많이 가 있을 생각이라면 아예 결혼 자체를 포기하는 편이 낫다.

포기할 생각이 없는 사람이 결혼을 하는 것은 상대방의 인생에 피해를 주는 일이다. 결혼도 해보고 싶고, 자유로운 삶도 놓기 싫다면 이기적인 것이다. 내가 서 있는 자리에서 가져야 할 것과 버려야 할 것을 현명하게 결정하는 사람이 가장 지혜로운 사람이며, 행복할 수 있고 또 행복할 자격이 있는 사람이다.

하나님은 우리의 일생에 많은 아름다운 것들을 주신다. 새싹으로 돋았다가 울창한 나무가 되고 어느새 또 낙엽을 떨구며 나목이 되지만, 다시 또 씨를 날려 다른 곳에서 부활하는 것처럼, 우리는 모든 것과 모든 이들을 이 땅에 두고 본향을 향해 빈손으로 갈 사람들이다. 포기를 두려워할 필요가 없다. 예수님이 하나님의 아들이라는 특권을 끝까지 가지려 하셨다면 우리는 죄 속에서 모두 죽었을 것이다. 그분의 목표가 완성되는 시점은 모든 것을 포기하고 하나님의 뜻에 따른 그 순간이었다.

진짜 연애를 시작했는가? 그렇다면 휴대폰 속 작업 명단부터 과감히 삭제하라. 그리고 내게 주어진 것들 외에는 미련 없이 포기하는 마음을 커플링보다 먼저 준비하라. 새로운 지경이 열리고 아름다운 사랑과 기쁨의 새 세상이 열릴 것이다.

행복을 혼동하는 그대

1

어떤 남자가 하루 종일 고된 직장 일을 마치고 녹초가 되어 집으로 향한다. 집에 도착할 때쯤엔 완전 파김치가 되었으나, 그는 가방에서 카메라를 꺼내 컴퓨터에 연결하고 블로그에 포스팅을 한 뒤에야 기절하듯 잠이 든다. 그때 사람들이 그의 블로그에 들어와 보고는 이렇게 말한다.
"부럽다~ 정말 행복하게 사는 사람이야!"

이 사람처럼 남들이 자신만의 공간을 방문해서 자신의 글들을 읽어주고 부러워해 준다면, 분명 행복한 사람일 것이다. 누군가 찾아 주어서 행복하고, 남에게 영향을 미칠 수 있어서 행복하고, 자신의 존재감을 확인할 수 있어서 행복할 것이다. 그런데 이 사람은 정말 행복한 것일까? 어쩌면 이런 행복의 요소들이 있으니 '행복한 사람이다', '행복한 것이 당연하다', '행복해 마땅하다'라고 생각하는 것은 아닐까. 그런 생각과 진짜 행복을 혼동하는 것은 아닌지 모르겠다.

우리는 종종 '진정한 자기만족'과 '남이 부러워하는 자리에 있는 것'을 헷갈려 한다.

남이 나를 부러워하면 어떤 우월감 때문에 자기만족을 느낄 수 있고, 일종의 행복을 느낄 수도 있다. 그러나 이런 것은 오래 갈 수도 없고 행복의 본질이 아니기 때문에 결국은 공허해진다. 행복이라는 감정은 철저히 주관적인 것인데 이것을 외부의 자극이나 타인의 반응을 통해 얻으려 한 것이 문제일 것이다.

유명인이나 연예인들이 겪는 혼동이 대표적인데, 대중은 막연하게 그들이 행복할 것이라고 착각한다. 그래서 그런 커다란 특권을 지니고도 문제를 일으키거나 인격적으로 모자란 행동을 하면 용납하지 못하고 독설을 쏟아내는 것이다.

2

이런 잘못은 대개 남자들이 많이 범한다. 남자들은 명예욕이 강하기 때문에 자기 몸이 부서져도 남들 앞에서 멀쩡한 체하고 괜찮은 척한다.

〈젊은 남자〉라는 영화엔 '폼에 살고 폼에 죽는' 한 젊은 배우 지망생이 나오는데, 그는 권력자 여성을 이용하는 등 수단과 방법을 가리지 않고 출세를 위해 고군분투한다. 결국 무명에서 벗어나 중요한 배역까지 얻게 되고, 촬영장에는 자신의 개인 의자까지 마련된다. 그러나 남자는 촬영장으로 가는 첫날 교통사고를 당해 아무 도움도 받지 못하고 한산한 도로에 누워 최후를 맞는다. 마지막 순간에 그는 재킷 속에 손을 넣어 무언가를 꺼내는데, 선글라스다. 힘겹게 선글라스를 낀 그는 비로소 숨을 거둔다. 죽으면서도 폼을 잡으려 했던 것이다.

　정도가 덜하긴 하지만 여자들도 크게 다르지는 않을 텐데, 명품으로 치장하거나 외모에 필요 이상의 시간과 노력을 들이는 사람들에게서 그런 면을 찾아볼 수 있겠다. 그러나 여자는 화장이든 성형이든 명품이든 자기가 만족하지 않으면 성에 차지 않아 하는 것을 볼 때, 남들에게 보이는 것으로 행복을 느끼는 것과는 조금 다르지 않나 싶다. 남자들은 자기 맘에 안 드는 옷도 남들이 멋지다고 하면 입고 나가지만, 여자들은 남들의 칭찬과 함께 자기 만족도도 꽤 중요하게 생각하기 때문에 조금 다른 것 같다는 이야기다.
　아무튼 자아가 미성숙한 사람일수록 귀가 얇아 남의 말에 좌지우지되고 진정한 행복의 의미를 혼동한다. 자기 자신이 제대로 완성되지 못했기 때문에 자꾸만 남에게 자신을 드러내려 하고, 그런 것으로 자기 존재감을 확인하려는 것이다. 이런 사람들은 자기가 남들에게 미칠 영향력이 없을 경우, 자극적인 말로 악플을 달거나 그 정도가 심해지면 범죄를 저질러 그 파급효과를 즐기기도 한다.

3

　남녀 간의 연애에 있어서도 마찬가지다. 특히 남자들은 자기 여자를 진정으로 행복하게 해주는 것에 대해 혼동한다. 남들이 부러워하는 사람을 만들어주면 자기 할 일을 다 한 것으로 착각한다는 것이다.

시내 전광판을 전세내서 깜짝 이벤트를 하거나 카페를 통째로 빌려 사방에 풍선을 도배해 프러포즈를 하면 여성들이 좋아하는 것은 당연하다. 이처럼 주변의 부러움을 사는 것도 여자에게 행복일 수 있다. 그러나 이런 것들은 일시적인 것이다. 사랑은 그런 것으로 유지되는 것이 아니라 배려와 자상함과 마음 씀씀이, 그리고 아무도 모르는 곳에서 그 사람만을 위해 들이는 시간과 정성으로 유지되는 것이다.

그런데 남자들은 사랑을 유지하기 위해 그런 정성을 쏟기보다는, 애정이 식을 만하면 뭔가 깜짝 이벤트나 특별한 선물로 남들이 부러워할 만한 일을 만들어주고 이제 한동안 약발(?)이 유지되겠지 생각한다. 이벤트나 선물도 필요하겠지만 그것은 메인이 아님을 잊어서는 안 될 것이다.

한편 여자들의 비교도 이런 풍토를 조장하는 데 한몫 했다고 본다. 돈 잘 버는 친구의 남편과 자기 남편을 비교하거나 무슨 기념일에 큰 선물을 받은 친구를 부러워하는 모습을 보이면 남자들은 단순하게 생각한다. '여자들에게는 뭔가 현물이 중요하구나', '마음보다는 조건이구나' 생각하게 되는 것이다.

요즘 세상에서는 아무리 마음 씀씀이가 세심해도 남들만큼의 물질을 제공해 주지 못하면 일단 부족한 사람이 된다. 실제로 마음이 별로 안 맞아도 어느 정도 조건이 맞으면 결혼을 결정하는 여자들도 상당히 많다. 하지만 연애와 결혼생활의 필수 조건은 서로가 가진 물질이나 조건이 아닌, 보다 참다운 가치에서 행복을 찾는 일이라 할 수 있다.

제아무리 인생의 모든 부귀영화를 누리고 세상 사람들의 부러움을 얻었던 이라도 구원받지 못하고 죽어 지금 지옥에 있다면, 그는 결코 행복한 사람이 아니다. 이와 마찬가지로 남들의 주목을 받고 부러움을 얻고 있으니 '나는 행복한 사람'이라고 스스로 세뇌하지 말아야 한다. 또한 자신과 연인이 남들에게 늘 행복하게 비쳐야 한다는 강박증도 버려야 한다.

행복은 상당히 주관적인 것인데, 다른 사람의 삶과 비교해 상대적인 행복을 찾으려 하면 이내 실망하게 된다. 눈에 보이지 않는 행복을 눈에 보이는 것들로 채우려 한다면 결국 공허해질 수밖에 없다.

커플이 커플을
만났을 때

　　　　　　　남녀가 길을 가다가 다른 커플을 마주하게 될 때가 있다. 이 스쳐 지나는 짧은 순간에 남자와 여자는 각각 상대 커플의 누구를 볼까?
　이건 뭐, 통계청에서 발표한 자료는 아니지만, 대개 남자도 상대 여자를 보고, 여자도 여자를 본다고 한다. 왜 그럴까?
　당연히 비교가 돼서 그러는 것이다. 그렇다면 무엇을 어떻게 비교할까?

　남자가 상대 여성을 본다고 해서 다른 남자의 여자까지 넘본다는 의미는 아니고, 우선 본능적으로 눈길이 가는 것 같다. 안구가 말을 안 듣는 것이다. 그 다음으로는 그 여자가 얼마나 예쁘고 괜찮은지 보는 것이다. 물론 내 여자와 비교가 안 될 수는 없지만, 굳이 비교하려고 보는 것은 아니다.

내가 볼 때 남자는 자기 능력을 확인하는 것이고, 상대 남자와 자신을 비교하는 것이다. 그 여자가 예쁘면 저 녀석은 능력이 대단한 놈이다. 그가 얼마나 멋진지는 그리 중요하지 않다. 오히려 후줄근한 사람이면 더 놀라운 마성을 지닌 것이니 더욱 자존심 상하게 비교가 된다. 이렇게 남자는 대단히 유치한 존재다. 마치 제자들이 예수님께 "우리 중에 누가 더 큰 자입니까"라고 묻는 것처럼 말이다. 예수님도 매우 갑갑하셨을 것이다.

이런 심리를 알고 사람들 앞에 과시하려는 남자들은 자기 여자가 야하게 입거나 과도한 치장을 해도 그리 싫지 않다. 돈이 있으면 성형을 시켜서라도 예쁜 여자를 데리고 다니려는, 자기밖에 모르는 허세꾼도 더러 있다.

반면, 여자는 상대편 여자가 어떤 남자를 데리고 다니는지 큰 관심이 없어 보인다. 대신 저 여자가 나보다 괜찮은지, 나보다 예쁘고 매력적이어서 내 남자의 시선을 빼앗는 것은 아닌지 보려는 것 같다. 자신이 상대방 여자보다 더 멋진 남자와 함께 간다는 것이, 여자 입장에서는 그리 큰 자랑거리가 아닌 것 같다. 또한 겉으로는 그 남자의 매력을 다 알 수도 없다. 외모가 좀 처져도 정말 매력 있고 괜찮은 남자는 많은 법이니까 말이다. 오히려 너무 티 나게 꾸민 반반한 남자는 좀 그렇다. 그와 달리 여자는 일단 외모로 평가받는 경향이 여전히 있기 때문에 남자보다 시선이 가는 일이 많다. 그렇기 때문에 남자도 여자를, 여자도 여자를 보는 것이 아닐까.

그러나 본능이나 심리적 이유를 떠나 비교는 어떤 경우에도 좋을 리 없다. 사람을 저울질해서 점수를 주고 내 배우자보다 나으니 못하니 하는 것은 인격적이지 못한 일이며 하나님이 기뻐하시는 일도 아니다.

"내 형제들아, 영광의 주 곧 우리 주 예수 그리스도의 믿음을 가지고서 사람들의 외모를 중시하지 말라" 약 2:1

한편, 어떤 커플 앞에서도 내 연인이 자랑스러워할 정도로 깔끔한 겉모습과 내면, 그리고 신실한 사랑과 인격을 갖출 수 있도록 노력하는 것 역시 잊지 않는다면, 당신은 멋진 사랑을 이어갈 수 있을 것이다.

3장

달콤살벌한 결혼,
사랑하니까
괜. 찮. 아.

3

이 사람이 정말, 하나님이 주신 배우자일까?

1

결혼한 사람들 중 많은 이들이 자기 배우자에 대해 후회나 한탄을 자주 한다.
'그때 내가 잘못된 선택을 했어….'
'차라리 그때 그 사람과 결혼했더라면….'
'성급하게 결정하지 말고 조금만 더 때를 기다려 볼 걸….'

그도 그럴 것이, 갑자기 사건이 진척돼 순식간에 결혼을 했거나 오래 사귄 사람과 헤어지고 뜻밖의 사람과 갑작스레 결혼을 했을 수도 있다. 또한 그리 운명적인 사랑이라 여겨지지는 않는데 분위기에 떠밀려 결혼을 하고 보니 자기와 맞는 사람은 따로 있는 것 같고, 뒤늦게 그런 성격을 지닌 이성을 발견하기도 한다. 그래서 지금 배우자는 원래 내 짝이 아닌데 인연과 운명의 뒤틀림 속에 잘못 찾은 것이라고 생각하며 갈등을 느끼곤 한다.

크리스천들도 이런 생각을 꽤 많이 한다.
'이 사람이 정말 하나님이 짝지어 주신 배우자일까…?'
'내가 배우자 기도를 게을리해서 제대로 된 짝을 못 만나고 가시밭

길을 걷고 있구나….'

'이런 맞지 않는 배우자를 만나게 하신 것도 하나님이니 대충 해도 내 책임 아니다….'

등등… 핑계가 자꾸 생긴다.

2

내가 아는 사람 중에, 믿은지 그리 오래되진 않았지만 상당히 열심히 전도하고 하나님 일을 위해 주야로 애쓰는 형제가 있다. 그는 먼 길을 가서 1박2일 세미나에 참가하기도 하고 일터에 사람들을 초청해 복음을 전하기도 하는 등 온통 주님의 사업 생각뿐이다.

하지만 그의 부인은 그런 일에 크게 관심이 없어서 열성적으로 일하는 남편에게 호응을 보내지 않는다. 아내가 함께 해주고 도와주면 좋으련만, 매번 혼자 뛰어다니니 남편은 참 외롭다. 스케줄을 아내에게 말하지도 않고, 일을 좀 크게 벌여야 할 때는 일단 저질러 놓고 다툼도 감수하는 모양이다. 한마디로 따로따로 논다.

한번은 그가 자신의 아내에 대한 아쉬움을 드러내기에, 나는 아주 상투적인 조언을 했다.

"그래도 하나님이 맺어주신 배우자이니 최선을 다하시고, 전도나 교회보다 가정이 먼저입니다. 그게 주님의 일이고요."

그러자 이 말에 대해 그가 납득을 못 하는 것이었다.

"정말요? 지금 아내가 하나님이 주신 아내라고요?"

그 형제는 모든 일이 하나님의 섭리 하에 이루어진다고 인정하면서도, 자신의 아내를 하나님이 맺어주셨다고는 생각하지 않는 듯했다. 마치, '그러면 왜 내가 하나님 일 하겠다는데, 돕는 배필이 되어야 할 아내는 아무런 호응도 않고 방해만 하는가?' 하며 의아해하는 것 같았다.

3

결론부터 말하면, 그의 아내는 하나님께서 그에게 주신 배우자가 맞다. 돕는 배필이 아내라지만 그걸 잘 못했다면 그건 아내가 감당할 몫이고 하나님의 책망을 들을 일이다. 또한 아내의 역할이 남편을 돕는 것만은 아니며, 남편의 길이 확실히 옳은 길인지 장담할 수도 없다. 가정을 소홀히 하면서까지 하는 일이 과연 주님의 일일까. 그렇게까지 중요한 일은 세상에 없다. 그래서 가정을 깨서라도 자기들의 교파를 따르라고 하는 이들은, 더 두고 볼 것도 없이 200퍼센트 이단이다. 하나님은 그런 명령을 내리시지 않으며, 그분의 능력이 모자라고 그분의 팔이 짧아서 우리에게 어떤 일을 맡기시는 것도 아니다.

또한, 사랑은 상대방의 반응에 따라 그 신실함이 결정되지 않는다. 배우자가 못마땅하다는 사실이 나의 불성실에 정상참작이 되지 않는다는 이야기다. 인간으로서 쉽지 않은 일이지만 나는 내가 할 일만 하면 된다.

구약의 이스라엘 백성들은 '하나님의 아내'이며, 신약의 우리 성도들은 예수님과 정혼한 '한 처녀'이다. 우리는 그리스도와 아직 결합하지 못했지만 결혼의 효력이 이미 발생한 관계이다. 그래서 아직 예식도 올리지 않은 요셉이 마리아의 임신 사실을 알고 끊으려 하자 주의 천사가 이렇게 말하는 것이다.

"…네 아내 마리아 취하는 것을 두려워하지 말라…" 마 1:20

마리아는 이미 요셉의 아내라는 것이다.

그런데 이스라엘 백성들은 하나님의 아내로 그 역할을 잘 감당했는가? 늘 도망 다니고 청개구리처럼 말을 듣지 않았으며 다른 남편을 찾아 음행을 일삼았다. 신약의 우리 성도들은 또 어떤가. 예수님과 이미 정혼했지만 우리의 삶은 물질의 신 맘몬과 각종 다른 남편(우상)들로 가득하며 부족하기 이를 데 없다. 그러나 하나님과 예수 그리스도는 영원히 그 관계를 깨지 않으신다. 아내와 신부의 역할을 우리에게 주시는 이유는 우리도 삶에서 각자의 배우자를 그렇게 대해야 한다는 것을 말씀하시기 위함이다.

세상은 결혼을 앞두고 여러 상대를 만나는 것이 당연하다는 듯 말하지만, 사실 결혼은 일찍 하는 것이고 이 사람 저 사람 실컷 사귀어보고 저울질하는 것은 권장할 일이 아니다. 그래봐야 안 맞고 갈등하기는 마찬가지다. 그저 자족하고 서로 맞춰가야 한다.

사람들은 말한다. 최대한 많은 이성을 만나보고 잘 고르라고. 많이 만나봐야 사람 보는 눈이 길러지고 올바른 선택도 할 수 있다고. 그런데, 그 결과 세상은 지금 어떻게 되었는가? 사실 가장 큰 문제는 우리의 불순종과 결혼에 대한 무개념, 무책임이다.

하나님께서 우리의 배우자를 이미 지정하셨기에, 100번을 연애한다 해도 결국엔 그 사람을 만나게 된다는 뜻이 아니다. 그것은 섣불리 단정 지을 수 없는 문제다. 그보다는, 모든 변수에도 불구하고 두 사람이 결혼의 서약을 하고 한몸이 되면, 그때부터 하나님은 그들을 하나로 보신다고 하는 것이 맞겠다. 바로 그때부터 그들은 하나님이 맺어주신 부부로 사는 것이다. 말하자면, 어떻게든 만날 수밖에 없는 운명적 배우자와 결혼하게 되는 것이 아니라, 누군가와 부부로서의 관계가 맺어진 그때부터 결혼에 대한 하나님의 명령에 맞게 살아가야 한다는 것이다.

5

하나님은 우리에게 누군가를 콕 집어주시지 않는다. 그것은 우리의 자유의지를 무색하게 만드는 일이다. 우리의 결혼을 향한 하나님의 뜻은 딱 한 가지가 아니다. 어떤 선택을 하든지 최대한 정결한 상태에서 배우자를 빨리 결정하고, 그때부터는 하나님의 뜻에 순종하는 것이다. 우리가 어떤 봉사를 할 때 그것은 하나님이 내게 맡기신 일인 동시에 내가 선택한 일이 된다. 그리스도인의 할 일이 사람마다 정확히 분배된 것은 아니기에, 우리가 무언가를 선택하면 그때부터 그 일에 충실해야 하는 것이다. 그것은 하나님이 내게 맡기신 귀한 일이 되고 주님의 뜻이 되는 것과 마찬가지다.

이처럼 배우자도 내가 선택하지만 그것이 창세전부터 정해진 것이라고 보기는 어렵다. 그것이 하나님으로서는 얼마든지 가능한 일이라 해도, 하나님은 우리의 뜻을 존중하시는 분이고 우리는 자유로운 인격체이기 때문이다. 선택의 자유는 모두에게 있고 그 선택에는 반드시 책임이 따르는 것이다.

그러므로 아내에 대한 아쉬움을 드러냈던 그 형제도, 하나님이 주신 배필과 함께 살고 있는 것이다. 심지어 불신자와 결혼한 것도 그것이 잘못된 선택이라거나 앞으로 교체(?)해야 할 사항이라기보다, 최선을 다해 전도하고 섬기며 함께 나아가야 할 일이라는 것이다.

우리는 하나님의 꼭두각시가 아니다. 우리가 예수님을 믿기로 하는 순간 그분과 정혼하게 되고 영원히 그분의 신부가 되는데, 그 전까지 우리는 마귀의 자식이다. 마귀의 자식에게는 하나님의 뜻은 물론 어떤 사항도 결정된 것이 없다. 우리가 그분의 선물을 받기로 응하는 순간, 그것은 주님의 뜻이면서 우리의 의무이자 성화로 가야 할 책임으로 바뀌는 것이다.

커 보이는 남의 떡, 빛 좋은 개살구

1

　세상이 엔트로피무질서도가 증가하도록 만들어진 것처럼 연애와 결혼의 풍속도 역시 날이 갈수록 어지러워지고 있다. 환경이 파괴되고, 음식이 부패하고, 돌던 팽이가 멈추는 만물의 법칙처럼 인간의 사고와 행동양식도 더 정리되고 완성되기보다는 '자유분방'이라는 이름으로 흐트러지는 것 같다. 이렇게 사람들의 생각이 파격적으로 내닫는 이유는 무엇일까?

　결론부터 말하면 이는 대부분 '진화론' 때문이다. 물론 진화론도 그 뿌리를 보면 고대 바빌론 사상이지만, 본격적으로 현대인의 삶에 깊숙이 파고든 것은 '다윈주의'라고 할 수 있다. 일부 독자들은 왜 연애 풍속도와 결혼관의 흐트러짐을 과학적인 이야기로 연결하느냐고 물을지도 모르지만 아주 밀접한 연관이 있다.

　우선 진화론은 과학이고 하나님의 창조는 신앙이며 종교라고 생각하는 이들이 많은데, 전혀 아니다. 아무런 증거 없이 우주와 인류의 시작과 전개를 가정한 진화론은 일종의 '가상 시나리오'이며 희망사항이다. 단지 우리가 학교에서 이것을 배웠을 뿐이다. 직접 증거들을 찾다 보면 새빨간 거짓말에 속아왔음을 알게 될 것이다.

반면에 창조는 '성경'이라는 명확한 문헌이 있고 그 문헌의 내용을 과학으로 모두 입증할 수 있으므로, 창조도 대홍수도 신화가 아니고 분명한 역사적 사실임이 드러난다. 이 역시 권위 있는 자료와 증거들을 직접 찾다 보면 놀랍고 흥미로운 사실들을 알게 될 것이다.

2

창세기는 모든 것의 기본이다. 사탄은 이것을 무너뜨리려고 안간힘을 쓰는데, 그 기초만 흔들면 다른 것들은 간단히 삼켜버릴 수 있기 때문이다. 그렇다면 연애 행태와 사람들의 사고가 어떻게 진화론에 의해 타격을 입는다는 것인가.

어느 바람둥이 남자가 여러 여자를 울리고 범하면서도 아무런 죄책감이 없다고 치자. 그의 마음 밑바닥엔 어떤 생각이 있을까.
'어차피 적자생존의 자연계가 아닌가. 못하는 놈들이 병신이고 먼저 차지하는 게 임자지.'
직·간접적으로 이런 생각이 깔려 있다.
이번에는 어떤 기혼자가 배우자 외에 다른 상대를 넘겨다본다 치자. 그 사람에게는 어떤 생각이 있을까.
'이런 끌림은 동물적으로 자연스러운 현상이다. 어차피 이렇게 만들어져 있기 때문에 종족 보존이 가능한 것 아니었던가.'

또 불장난으로 임신을 한 십대가 낙태를 하려고 한다면,
'모든 것은 다 운명인데, 버려질 바에는 차라리 태어나지 않는 것이 낫다.'
이렇게 결론지을 것이다.

이혼을 생각하는 사람은 사랑이 시들해지는 것을 자연계의 마땅한 수순으로 이해하고, 한 철만 짝짓기를 했다가 짝을 바꾸곤 하는 동물들과 인간도 다를 바 없다고 생각할지 모른다. 또 살인을 하는 사람은 적자생존의 먹이 피라미드를 떠올리며, 자신이 자연의 일부로서 개체수 조절을 담당하는 파수꾼이라 생각할지도 모른다.
아무튼 이들은 알게 모르게 신을 거부하고 있다. 하나님의 질서와 하나님의 법, 그분의 명령이 싫어서 반항하는 진화론에 순응하는 사람들인 것이다.

3

실제로 동물의 세계에서는 행동규범이나 질서가 엄격하고 무자비하게 지켜지고 있다. 예컨대 꿀벌의 수컷은 교미기간이 지나면 죽임을 당하고, 알을 많이 낳지 못한 여왕벌은 침을 맞아 죽게 된다. 벌의 수명은 몇 년이지만 일벌들은 5-6주간 일을 하고 나면 죽음을 맞는다.
그런 방식으로 수를 조절하고 그 사회를 유지하는데, 개인의 의사

는 무시되고 모든 것은 사회 위주로 이루어진다. 진화론자들은 인간의 선악의 표준이 마치 이런 동물이나 자연계와 비슷하다고 주장하고 그렇게 받아들인다. 인간을 조금 더 고등한 동물의 일종으로 생각하기 때문이다.

그래서 그들은 피부색으로 인종을 나누어 격차를 두고, 기아로 죽어가는 이들이나 소수의 장애인들도 냉철한 논리로 분류하고 취급한다.

실제로 히틀러 같은 사람도 다윈주의의 신봉자였는데, 그의 그릇된 세계관은 많은 유대인을 청소하듯 살해했고, 힘의 논리를 통해 세상의 질서를 바로잡아 자신이 지배하려는 야욕으로 세계대전을 일으켰던 것이다. 이로 인해 많은 비극과 씻을 수 없는 상처가 남았다는 것은 새삼 강조할 필요도 없다.

하나님은 자연계의 법칙을 주신 것처럼 인간에게도 십계명을 비롯한 많은 행동규범을 성경에 말씀하셨다. 그러나 인간에게는 자연계와 같이 강력한 규제를 하시지 않는다. 그것은 인간성을 빼앗고 자유의지를 제한하는 것이기 때문이다. 하나님은 유일하게 자신의 형상대로 만드신 인간에게 인격과 존엄성을 부여하신 것이다.

하나님을 거부하는 진화론자들의 생각은 인간들의 규범도 자연계와 똑같다고 생각한다. 이런 진화론이 과학이라는 이름으로 학교에서 가르쳐지고, 예술이라는 이름으로 영화나 드라마에 드러나고, 기독교의 근간까지도 흔들고 있다.

4

언젠가 '간통죄'에 대한 논란을 다시 일으킨, 어느 판사의 말이 화제가 되었다. 간통죄는 헌법상 보장된 개인의 성적 자기결정권을 침해하는 것이라며 간통죄 조항에 대해 위헌법률심판을 제청한 그는 "법이 이불 속까지 들어와서는 안 된다"고 말했다.

이 판사는 고리타분하지 않고 세련된 사람이라는 평가를 듣고 싶었는지 모르지만, 성적 자기결정권의 자유란 곧 '너의 주인은 하나님이 아닌 네 자신'이라고 부추기는 마귀의 속삭임과 같다.

우리가 주님이 만드신 피조물로서 귀한 인격적 존재라면, 하나님의 창조에 대해 분명히 알고 믿으며 확신해야 한다. 그렇게 될 때 비로소 우리는 결혼이 하나님의 선물임도 알게 되고, 이웃의 배우자가 내 것이 아님도 깨닫게 된다. 무엇보다 내 자신이 내 것이 아니라는 것, 그리고 자기에게 맡겨진 자녀도 자기 것이 아님을 느끼게 된다.

우리는 가장 진화한 고등동물이 아니다. 하나님의 형상으로 창조된 귀하고 특별한 존재다. 창조의 역사에 귀를 기울여 보라. 믿기지 않으면 과학적으로라도 따져 보라. 하나님의 입에서 나온 말씀이 한 점의 의혹도 없이 과학적으로 설명되는 것을 알 수 있다. 그분의 십리 안에서 하나님이 만드신 인간의 행동규범에 우리가 순종할 때 연애와 결혼도 완전해지고 아름다워지며 행복해질 것이다.

지질한 마마보이, 똑똑한 와이프보이

1

남자들에게 있어서 '마마보이'라는 말은 누구도 듣기 싫어하는 심한 욕이 돼 버렸다. 물론 해당 요건을 갖춘 남자들도 자신이 마마보이라는 것을 인정하지는 않을 것이다. 자기가 그런 스타일이라는 것을 인지하더라도 그저 '효자' 정도로 말할 것이 분명하다.

마마보이는 미혼여성들도 무척 싫어해서 연애 대상에서조차 제외시킬 정도다. 어머니에게 너무 의존적이고 부인의 의사보다는 어머니의 의사를 지나치게 더 존중하는 마마보이의 문제는, 이제 한국 사람의 결혼생활 이야기에서 빼놓을 수 없는 주제임이 분명하다.

부모님의 뜻을 존중하고 따르는 것이 나쁜 것은 아니다. 솔직히 부모의 의견을 무시할 수도 없는 일이다. 그렇다면 대체 남자들은 어디에 서있어야 한다는 말인가. 서양의 경우에는 장모와 사위가 앙숙이라고 하는데, 우리나라는 여전히 고부간의 갈등이 많은 문제가 되고 있다. 갈등이 있을 수밖에 없는 시어머니와 며느리 사이에서, 남편 또는 자식이라는 이름으로 살아가다 보면 정말 난감한 경우를 맞을 때가 많은데, 결혼 초창기에 더욱 그렇다.

남자가 두 사람 사이에 끼면 대체적으로 다음과 같은 양상을 띤다.

어머니 편을 들면 아내한테 시달린다.

"나는 당신 하나만 믿고 이 낯선 집안에 시집왔는데, 어떻게 나한테 이럴 수가 있어!!"

아내의 편을 들면 어머니가 서운해 한다.

"내가 널 어떻게 키웠는데, 품 안의 자식이라더니 다 소용없다!! 내가 네 앞에서 콱 죽어야지…."

살아본 사람들은 각자의 노하우를 터득해서 나름대로 대처하고 있을 것이다. 그런데 미혼남성은 이런 부분에 지혜가 없다. 게다가 이 문제를 대수롭지 않게 여기거나, 자기는 남들처럼 헤매지 않고 슬기롭게 잘 대처할 수 있을 거라 믿거나, 우리 어머니와 내 신붓감은 절대 그런 미성숙한 대립 따위는 하지 않을 거라고 착각하는 경우가 많다.

2

이 문제로 고민하거나 괴로움을 겪는 남편들도 많지만, 어느 정도 잘 대처하며 살고 있는 유부남들에게는 나름의 노하우가 몇 가지쯤 있다. 가장 많이 쓰이는 것이 황희정승 식 내공이다. 즉, 양쪽에 다 맞장구를 치는 것이다.

어머니 입장에서 며느리에 대한 불만을 아들한테 이야기하는 것은 당연하다. 보통의 어머니라면, 계모임 같은 데 가서는 오히려 며느리의 험담보다는 자랑을 하고 아쉬운 부분은 그래도 믿는 아들한테 말하곤 한다. 그럴 때 자꾸 마누라의 편을 들면 어머니는 내심 속이 상한다. 아들이 그냥 맞장구를 치면서 원래 그런 부분이 단점이에요, 저도 아쉬워요, 하면서 한술 더 뜨면 오히려 어머니는 "그래도 장점도 많은데 잘 살아야지…." 하게 되면서 상황이 반전되기도 한다.

아내와도 마찬가지다. 어머니 때문에 속상한 점을 이야기하면, 어떻게 며느리가 남편 앞에서 그런 말을 하느냐며 자르기보다는, 듣기 싫어도 들어주고 아내의 입장에서 한 번 이해해 주는 것이다. 아내 역시 나쁜 사람이 아니라면 그 과정에서 마음이 풀리고, 그래도 남편이 '남 편'이 아니라 '내 편'이구나 하며 시어머니를 이해하고 자신의 잘못도 돌아보게 된다.

중요한 것은 어느 쪽에서도 그 이야기들 자체를 불쾌해하거나 먼저 흥분하고 말을 막아선 안 된다는 것이다. 여자들이란 늘 해결을 바라고 말하는 것이 아니라 그냥 들어주길 바라기 때문이다. 물론 남자의 속성은 여자와 많이 달라서, 뭔가 해결해줘야 할 것 같은 강박관념이 있기 때문에 그 문제를 듣고 있기가 무척 불편하다. 하지만 인내심을 갖고 끝까지 듣되 너무 확대해석하지 말아야 한다. 꼭 해결해 줄 필요는 없다는 것이다. 들어주는 것으로 반 이상은 해결하는 것이다.

또 한 가지, 이런 유의 갈등 사이에서 꼭 지켜야 할 것은 침묵이다. 한쪽에서 들은 이야기를 반대쪽에 전해서는 안 된다는 이야기다. 어머니도 아들로서 믿고 이야기하는 것이고, 아내는 아내대로 남편이라고 믿고 말하는 것이니까. 부부싸움을 하다가도 "오죽하면 어머니도 당신의 그런 점을 지적하실까!"라는 식의 말이 튀어나오면 절대 안 된다.

3

그렇다면 무조건 수긍만 하는 것이 능사일까?

그렇지는 않다. 분명한 주관이나 어떤 기본적 입장을 늘 가지고 있어야 한다. 다시 말해서 어느 선 이상이 될 때는 너무 용납하지 말고 할 말을 해야 한다는 말이다.

유명한 이솝이야기가 있다. 노인과 소년이 당나귀를 끌고 가는데, 사람들이 어리석다고 비웃는다.

"당나귀를 타고 가면 될 걸 왜 걷고 있나….."

그래서 노인이 소년을 당나귀에 태우고 가는데 또 사람들이 한마디씩 한다.

"버릇없이 노인을 걷게 하다니….."

그래서 이번엔 노인이 타고 소년이 걷는다. 사람들은 또 말한다.

"어린 것이 힘들 텐데, 인정머리 없는 노인네 같으니라고…."

하는 수 없이 두 사람 다 당나귀에 올라타고 길을 떠나는데, 또 사람들의 비난이 쏟아진다.

"죄 없는 동물을 저리 혹사시키다니!"

그래서 이번엔 당나귀를 묶어 나무에 매달아 두 사람이 양쪽에서 들고 갔는데, 냇물을 건너다 그만 당나귀가 발버둥을 쳐 물에 빠지고 발이 묶여 있던 당나귀는 그대로 익사했다는 이야기다. 어떤 일에 분명한 주관을 가지고 있어야 한다는 교훈을 얻을 수 있는 우화이다.

물론 모든 가족에게 잘하고 모두의 편이 돼야 하지만, 최종적으로 남편이 될 것인지 아들이 될 것인지 심지는 가지고 있어야 한다. 편을 가르는 문제가 결코 아니다. 이것은 아내와 어머니뿐 아니라 아내와 자녀들의 문제일 수도 있고, 아내와 또 다른 본가 쪽 식구들의 갈등일 수도 있다.

남편은 당연히 아내의 편이어야 한다. 마마보이가 아닌 와이프보이가 되는 것이 좋다. 단지 삶이 덜 피곤하기 위해서 선택하는 개념이 아니다. 아이들보다는, 어머니나 또 다른 가족들보다는 아내의 편이 돼줘야 한다.

4

남편이 아내의 편이 돼줘야 한다는 것은 누구보다 어머니가 잘 알고 있고, 현명한 어머니들은 그렇게 가르치기도 한다. 당신도 그 옛날 시집올 때를 돌아보면 든든하게 내 편이 돼주는 남편 때문에 살았으니까, 그리고 그 남편이 자기편이 아니라고 느낄 때 얼마나 서운했는지 더 잘 아시니 말이다. 그렇게 하는 과정에서 약간의 부작용과 어려움이 따를 수 있지만, 슬기롭게 대처하고 아내를 사랑하는 마음을 노골적이지 않은 방법으로 드러낸다면 부모님의 기분을 상하지 않게 해드릴 수가 있다.

자식이나 부모는 한 핏줄이다. 팔은 안으로 굽기 때문에 내가 의식하지 않아도 편을 들게 된다. 하지만 부인은 백 년을 같이 살아도 돌아서면 그날부터 남이다. 그래서 아내의 편이 되는 것이 자동적으로 된다면 좋겠지만 의식적으로도 할 필요가 있다.

결론은 와이프보이가 되라는 것이다. 너무 드러나지 않는 와이프보이 말이다. 꼭 가족들 사이에서뿐 아니라 모든 삶 속에서 그렇게 하는 것이 순리이며 행복이다.

배우자를 춤추게 하는 가장 좋은 방법

1

결혼생활에서 서로에 대해 용납하고 배려하고 세심하게 신경을 써주는 일은 아마도 몰라서 못 하는 일은 아닐 것이다. 그렇게 잘 알면서도 많은 사람들이 자신의 가족에게는 편하다는 이유로 막말을 하는 등 무례하게 행동하는 경우가 많다. 아주 사소한 호칭부터 지나치는 말 한 마디까지, 매일 자잘하게 신경을 쓰며 산다면 적잖이 피곤한 것도 사실일 것이다. 그러나 신경이 쓰인다고 해서 안 해도 되는 것은 아니다. 늘 상대방을 존중하는 버릇을 들이면 한마디 말을 할 때도 말부터 뱉는 것이 아니라 생각을 먼저 하게 되므로 평소 습관이 중요하다.

상대에 대한 배려는 그 입장이 돼서 생각해보는 것에서부터 시작된다. 전에 TV 프로그램을 안내하는 잡지를 보게 되었는데, 거기 어느 독자가 투고한 것을 보고 '그럴 수도 있겠다' 싶었던 적이 있다. 그 내용은 대략 이런 것이었다.

"우리 오빠는 장애인입니다. 똑바로 걷고 싶어도 몸이 말을 듣지 않아서 남들 보기에는 우스꽝스럽게 보일 겁니다. 하지만 우리에게는 소중한 가족이고 제 오빠입니다. 그런데 모 코미디 프로그램을 보니 코미디언 아무개가 바보 흉내를 내면서 다리를 절고 몸을 뒤트는 것을 보니 너무 속이 상했습니다. 그걸 보는 사람들은 배를 잡고 웃지만 우리 가족들은 오빠에게 미안하고 화가 납니다."

이런저런 사연을 다 들어가면서 코미디를 할 수는 없겠지만, 흔히들 영구니 맹구니 하는 캐릭터로 바보 흉내를 낼 때 이에 가슴 아파하는 이들도 있을 수 있다. 이처럼 의도하지 않은 농담에도 다치는 사람이 생길 수 있다.

전에 어떤 목회자는 설교 시간에 부모님 두 분이 다 없거나 한쪽만 있는 가정에 대해 '결손가정'이라는 표현을 썼다. 그런 가정들이 너무 많아져서 '모자가정', '한부모가정' 등으로 용어가 바뀐 요즘에는 잘 쓰지 않는 말인데, 생각 없이 사용하면 정작 그런 형편에 놓인 사람들은 듣기가 민망하거나 상처를 받을 것이 분명하다.

2

우리 생활 속에서도 이런 예는 얼마든지 있을 텐데, 대부분은 말과 표현에서 비롯되는 것이 많다. 말을 뱉고 보니 그것이 처가나 시댁의 아무개에 해당되는 일인 경우도 있을 수 있고, 다른 뜻 없이 어떤 일을 비난했는데 그것이 묘하게 상대방을 겨냥한 것처럼 비쳐져서 신경이 쓰이기도 한다. 자기 생각에는 아무 일도 아니지만 상대방에게는 중요한 의미일 수 있는 일을 잘못 건드림으로 생기는 문제는 생각보다 많다.

　이럴 때 필요한 것은 당연히 세심함과 배려심이다. 쉽진 않겠지만 말을 할 때 생각을 많이 하고 또 자기가 한 말에 대해 기억하고 책임지는 습관을 갖는 것이 좋다. 그런 세심함이 천성적으로 부족한 사람은 말수를 줄이는 것이 좋을 것 같다. 말이 많으면 실수가 많다. 부부싸움에서도 말이 많은 쪽은 이기기 어렵다. 말이 많은 사람치고 다 쏟아낸 후에 돌아서서 후회하지 않는 사람은 별로 없다. 말을 줄이면 자기가 뱉은 말을 기억하기도 쉽고 책임지기도 한결 쉬워진다.

　한편, 상대방에 대한 배려를 하고 싶어도 할 수 없는 경우가 있다. 상대의 환경이나 감정을 모르는 경우다. 예컨대 할머니 할아버지가 "옛날에 전쟁이 나서 피난을 갈 때는 밥이 없어서 며칠씩 굶는 일도 흔했단다"라고 얘기를 하면 요즘 아이들은 "그럼 컵라면이라도 끓여 먹지 그랬어요?"라고 대답한다고 한다.
　하루 벌어 하루 먹는 성도들에게, 교회에서 적지 않은 연봉과 고급 승용차에 기사까지 제공받는 목사가 "헌금을 많이 드려야 축복을 받는다"면서 "다 뿌린 대로 거두는 것"이라고 이야기한다면, 그것은 자기가 맡은 양들에 대한 배려가 없는 태도이다. 그러면 지금 어려운 이들은 과거에 헌금을 안 해서 그렇다는 것인가. 그것은 교회에 올 버스비가 없다고 하는 성도에게 택시를 타라고 권하는 것처럼 배려가 없는 말이다.

이처럼 상대방의 말이나 환경을 전혀 이해하지 못하는 경우에는 그 처지를 이해하거나 보듬어 줄 수가 없다. 부부간에도 다르게 살아온 세월이 있기 때문에 어쩌지 못하는 간극이 있을 수밖에 없는데, 이런 경우에 좀 더 여유 있는 쪽이 더 많은 배려를 해야 할 것이다. 유복하게 자란 사람이 어렵게 자란 사람을 이해하고, 세심한 사람이 무심한 사람을 더 이해해야 한다는 말이다. 세상사는 늘 있는 사람이 없는 사람 등을 치고, 무심한 사람이 세심한 사람의 속을 긁는 것이 이치지만 사랑하는 사이에서는 반대가 되어야 한다.

3

부부간의 배려는 말할 것도 없이 사랑에서 나온다. 세심함이 없으면서 사랑을 얘기한다면, 그건 곰을 만났을 때 혼자만 나무 위로 도망치는 친구의 우정처럼, 인생의 비바람을 만나면 금방 빈약함을 드러낼 일시적인 소유욕이라 해도 과언이 아니다. 세심하지 못한 배우자를 무조건 비방하며 감싸주지 못하는 것도 역시 사랑이 부족해서지만, 무심한 말 한마디에 그토록 서운한 것도 그만큼 사랑하기 때문이 아닐까.

어쩔 수 없이 서로에게 상처를 입히며 살아갈 수밖에 없는 묘한 관계가 부부이기에, 짧지 않은 세월 살다 보면 남는 것은 열정적인 사랑보다는 서로에 대한 고마움과 미안함, 그리고 서운함이다. 상대방의 세심함에는 고맙고, 자신이 무심했을 때는 미안하며, 상대방의 무심함에는 또 한없이 서운하기 때문이다. 서운함은 얼른 잊고, 무심했던 점은 고쳐나가며, 상대방의 배려에는 늘 고마움을 잊지 않는 삶이 될 수 있다면 얼마나 좋을까.

 그런 삶이 되려면 아무리 편해도 막말하지 말고, 늘 입장 바꿔 생각하며 서로 지켜야 할 선을 넘지 말아야 한다. 이렇게 '서로 돌아보는 마음'이란 어디에서나 아름답지만, 가정에서는 더더욱 빛나는 사랑의 묘약 같은 것이다. 배우자를 춤추게 하는 가장 좋은 방법은 세심한 배려다. 그런 마음 씀씀이는 자신에게도 이로운 아름다운 열매로 돌아올 것이다.

말 안 통하는 가정은 바벨탑이다

1

어떤 부부든지 언어를 통해 서로 소통한다. 그래서 부부간의 의사소통에 문제가 생겼을 때 이런 대화가 자주 오가게 된다.

"그거 아직 안 했어? 내가 전에 말했었잖아. 사람 말을 건성으로 듣고 그래…."

"당신이 언제 그랬어. 나한테 확답을 들었어? 내가 그러겠다고 했냐고…."

"아니, 그 정도 말하면 알아듣는 거지, 당신이 무슨 세 살 먹은 어린애야? 내가 영어로 말했나?"

"그거야 당신 기준이지. 말이란 게 서로 오고가고 확인이 돼야지, 말이면 다 말인 줄 아나…."

"아, 됐어. 관두자. 내 이럴 줄 알았다니깐…."

이러면서 덧붙이는 말도 있다.

"내가 말을 말아야지…."

이런 어려움을 겪으면서 사람들은 자기 배우자와 말이 안 통한다며 안타까워한다. 그런데 이런 어려움 때문에 말을 아끼다 못해 정말 말을 말아야 할 정도로 서로 꼭 필요한 얘기만 하고 산다면, 그 부부의 원활한 의사소통은 점점 더 먼 이야기가 되고 만다.

2

언젠가 가족여행을 가게 됐는데, 집에서 출발 후 30분 넘게 달려 강변북로를 지나다가 갑자기 생각나는 게 있었다.

"참, 그 티켓, 챙겼지?"

"티켓? 그건 당신이 샀잖아."

"내가 식탁 위에 며칠을 놔뒀는데 못 봤단 말이야? 농담이지? 가져와 놓고 장난하는 거지? 그런 농담 하나도 재미없거든. 빨리 내놔봐."

"무슨 소리야…. 나는 구경도 못 했는데…, 말을 해야 알지."

"뭐라고? 에이, 혹시 쓰레기인 줄 알고 버린 거 아냐?"

우리는 급히 차를 돌려 다시 집으로 향했고 티켓을 챙겨 다시 출발해야만 했다. 그 며칠 전 나는 인터넷에서 구매한 놀이공원과 스파의 묶음 이벤트 티켓을 택배로 받아, 아내가 지나다니는 식탁 위에 올려놓았었다. 당시 여행 일정을 빼느라 너무 바빠서 아내에게 말하지 못한 것이 나의 첫째 실수였고, 아내가 당연히 보리라고 생각한 것이 둘째 실수였다.

3

어린 시절, 나는 어머니에 대해 이해하기 어려운 부분이 있었다.
"발 좀 씻어라" 하시면 나는 발을 씻었다.
그리고 "손에 때 좀 봐라. 가서 손 좀 씻고 와" 하시면 나는 또 손을 씻고 왔다.
그런데 그럴 때마다 어머니는 잔소리를 하셨다.
"얘는, 발 씻으란다고 발만 씻니? 들어간 김에 세수도 하고 나와야지."
"넌 어떻게 손 씻으란다고 손만 씻고 나오니?"
그러면 나는 할 말이 없겠는가.
"그럼 엄마가 첨부터 말을 정확히 해야지, 씻는 것도 귀찮은데…."
"아니, 그럼 엄마가 매번 손 씻고, 발 씻고, 들어간 김에 세수도 하라고 말해야겠니?"
그때 이 노래가 나왔었다면 나는 따라 불렀을 것이다.
"네가 나를 모르는데~ 난들 너를 알겠느냐~"
그리고 나서 쥐어터지더라도 말이다. 하지만 이런 경우 쌍방의 생각이 다 일리가 있는 것이다. 서로 얼마든지 다를 수 있는 생각을 읽지 못해 소통이 좀 안 된 것뿐이다.

사실 이렇게 작은 일들은 별 문제가 아니다. 그러나 앞의 경우에 만약 여행지에 거의 도착했을 때 티켓이 없음을 확인했다면 눈앞이 캄

캄했을 것이다. 돈을 더 썼거나, 이미 예약이 끝나 돈으로도 해결이 안 되는 낭패를 겪었을지 모른다. 결국, 그 여행 자체를 망치게 되어, 서로 원망하고 책임공방을 한 끝에 다투게 될 것이 뻔하다.

  그날도 왕복 한 시간이 넘는 거리를 되돌아왔다 가는 바람에 차가 더 밀려 일정에 차질을 빚었는데, 속으로 짜증이 나는 것을 겨우 참았던 기억이 난다. 이보다 큰일들도 얼마든지 생길 수 있다. 정확히 소통하지 못한 결과로 불편과 낭비와 크고 작은 많은 문제들이 일어나는 것이다.

4

그 옛날 바벨탑의 범죄, 즉 하늘을 찌르는 인본주의의 교만으로 언어가 나뉜 결과 오늘날 우리는 외국어를 배우느라 갖은 고생을 하고 있다. 하나님을 대적하는 바벨탑의 인간들에게 내리신 형벌이 바로 '말이 안 통하는' 사회인 것이다. 그때의 언어 분열로 그들은 통치가 불가능해졌고, 공동 건축과 농사 등이 어려워졌으며, 단체생활에 필요한 기초가 무너짐으로써 무질서와 갈등, 몰이해, 적대감과 다툼이 사회적으로 팽배해졌을 것이다. 그것은 곧 흩어짐, 결별을 가져왔다.

  말이 안 통하는 가정은 바벨탑과 다름없다. 그들은 같은 언어지만 서로 소통이 되지 않는 다른 말을 하게 되고, 마음이 흩어지자 몸도 자연히 멀어지게 되면서 급기야 가정이 나누어지기도 한다. 오래 전의 바벨탑에서나 지금의 가정에서나 인간 중심의 교만과 범죄는 늘 하나님의 진노를 산다. 가정에서의 참된 사랑과 원활한 의사소통은, 하나님을 그 가정의 주인으로 모시고 서로를 겸손히 존중할 때 생겨난다. 가정이 한마음 한 언어로 소통될 때 비로소 그들은 흩어지지 않을 것이다.

누구든지 자기 가족을 돌보지 아니하면

1

　우리나라 사람들이 자기와 자기 가족밖에 모르는, 사회의식이 부족한 사람들로 해외 언론에 비쳐질 때가 많다고 한다. 그만큼 아직은 시민사회의 공익을 우선시하는 성숙함이 부족한 나라, 그래서 문화적 선진국이 못 되는 어정쩡한 나라라고 할 수 있다. 이렇게 자기 가족만 챙기고 남들이 겪는 피해는 아랑곳하지 않는 사람들도 참 문제지만, 그보다 더 안 좋은 것은 남들에게는 잘 하면서 자기 가족에게는 늘 으르렁거리는 사람들이다.
　이런 사람들은 밖에 나가서 돈도 잘 쓰고 인심도 후하며 지인들을 세심하게 챙겨서 항상 호인으로 통하는데, 집에서는 인색하여 식구들도 돕지 않고, 말 한마디 곱게 내뱉지 않으며 밖에서 받은 스트레스를 모두 집안 식구들에게 푸는 스타일이다.

　그런 사람들은 "내가 마음은 안 그런데…"라며 변명도 하지만, 다 쓸데없는 소리다. 마음이 안 그러면 뭐하나, 행동에서 나타나는데. 누군가 남에게 사기를 치고서 "내가 마음은 안 그런데 사정이 급해서…"라고 하는 것과 비슷한 이야기다. 아무튼 이렇게 자기 가족을 하대하는 사람들에게 주시는 하나님의 말씀이 있다.

"그러나 누가 자기 친족 특히 자기 집 사람들을 부양하지 아니하면 그는 믿음을 부인한 자요 불신자보다 나쁜 자니라 "딤전 5:8

이렇듯 가족이란 힘껏 부양하고 보살피고 도와야 하는 사람들이다. 밖에 나가서 아무리 인정받고 조명을 받으며 좋은 사람으로 통해도, 자기 가족을 돌아보지 않으면 하나님은 그 사람을 인정해 주지 않으신다는 말씀이다.

2

흔히 우리는 자신을 가족의 구성원이나 일원이라고 생각하는 경향이 있는데, 그렇지가 않다. 우리 각자는 가족의 구성원이 아니라 '가족' 그 자체이다. 일부처럼 보이는 그 사람이 있어야 비로소 '가족'이 온전해진다는 말이다.

삼위일체의 개념에 대해 혼동하는 사람들이 있는데 "하나님은 한 분이시니라"는 잘못된 번역 때문이기도 하다. 그래서 몇몇 이단들처럼 하나님은 한 분이시기에 예수님도 하나님의 본체로 인정하지 않게 되는 일이 생긴다. 그리고 삼위일체의 개념에 대해, 한 사람이 남편도 되고 아빠도 되고 사위도 되는 식으로 생각하기도 하는데 이런 '양태론'은 잘못된 개념이다.

"하늘에 증언하는 세 분이 계시니 곧 아버지와 말씀과 성령님이시라. 또 이 세 분은 하나이시니라. 땅에 증언하는 셋이 있으니 영과 물

과 피라. 또 이 셋은 하나로 일치하느니라" 요일 5:7-8

　이것이 정확한 번역이다. 하나님은 세 분이시다. 세 분이 '한 하나님'이 되시는 것이다. '성부·성자·성령'의 삼위일체 개념은 영·혼·육, 과거·현재·미래, 길이·너비·높이처럼 필수불가결한 것이다. 과거·현재·미래 중 어느 것 하나라도 빠지면 시간이 성립되지 않고, 영·혼·육이 모두 있어야 비로소 하나님의 형상대로 지음 받은 인간이 된다. 또한 어떤 작고 얇은 물체도 길이·너비·높이의 요소가 빠질 수 없는 것과 비슷한 이치다.

　아무튼 셋이 하나인 개념은, 여럿이지만 그것이 진정한 하나임을 알게 하는 진리다. 우리가 포도나무의 가지가 되고 주 예수 그리스도의 지체가 되면 우리는 그리스도의 몸 된 교회가 되는 것과 마찬가지다. 지체가 없어지면 완전한 몸이 될 수 없다. 이런 진리를 잘 알 수 있는 곳이 바로 하나님이 허락하신 가정이다. 어머니, 아버지, 자녀로 이루어진 가정이 다산하고 번성하라는 하나님의 명령에 합당한 가정이다. 고의적으로 자녀를 거부하면 그 가정은 불완전해진다.

　이렇게 가정의 구성원들이 모두 모여 있을 때 김씨가족, 박씨가족이 되는 것이다. 바로 '한가족'이다. 그래서 자기 자신만 떠나면 그만이라는 생각, 나 하나만 잘하면 된다는 생각, 자기 인생 자기가 사는 것이라는 생각도 모두 바람직한 생각이 아니다.

3

　가끔씩 연예인들의 자살로 세상이 시끄럽다. 얼마나 견디기 어려웠으면 삶을 놓았을까 싶어 안타깝다. 그러나 영은 칼로 벨 수 있는 것이 아닌데 그것으로 모두 끝이 아님을 알아야 할 것이다. 어찌됐든 그들은 모든 것을 일단 마감한 것처럼 보인다. 그래서 상실감과 슬픔은 남은 자들, 특히 남아 있는 가족들의 몫이 되고 만다.

　몇 년 전 가장 친했던 친구가 뇌출혈과 심장마비로 죽었다. 그 친구의 장례식장에서 오열하는 홀어머니와 하나뿐인 동생, 그리고 그들을 바라보는 많은 지인들이 눈물을 흘렸다. 그때 내가 본 것은 친구가 육신의 장막을 떠난 단순한 사실이 아니라 가족의 파괴였다. 사람은 누구나 죽고 하나 둘씩 남은 자들 곁을 떠나지만, 명을 다하고 죽는 것이 아닌 한창 일할 나이에 어머니를 두고 먼저 떠나는 것은 가히 파괴라 할만하다.

　친구를 화장하러 가보니 아직 학교에 입학도 안 했을 어린아이를 화장하러 온 가족들도 있었다. 어린 자식을 먼저 떠나보내는 이들은 가족의 구성원을 잃는 것을 넘어 그들의 전부가 흩어지는 상실감에 빠진다. 차라리 죽는 것만 못한 실종자의 가족들도 그 이후의 삶은 더 이상 삶이 아닐 것이다. 어떤 사람이 조난을 당했다면 그는 자기 한 사람보다 남아 있는 가족들 때문에 더욱 슬플 것이다. 정작 난파된 것은 타지에서 길을 잃은 사람이 아니라 고향에 남아 있는 가족들이다.

　내 가족의 소중함을 알아야 남도 돌아보고 베풀 줄도 알게 된다. 자기 가족을 외면하면서 남을 돕겠다는 사람은 위선자다. 타인에게 공을 들이면서 출세하고 인정받으려는 것도 다 내 가족을 위해서라고 생각하는 이들이 있지만, 정작 가족이 바라는 것은 더 많은 돈이나 화려한 포장이 아니라 함께하는 소박한 행복이다. 우리는 가족의 일부가 아니라, 함께 있는 것만으로도 모두가 충분해지는 '가족' 그 자체라는 것을 잊지 말아야겠다.

인생에도 가지치기가 필요하다

1

어떤 신용카드사의 광고음악이 대히트한 적이 있다. "아버지는 말하셨지 인생을 즐겨라"로 시작하는 이 노래는, 카드를 긁고 다니면서 하고 싶은 일은 다 해보라는 유혹적 메시지였지만 그 표현 방법 때문에 웃으면서 여과 없이 받아들이게 된 광고였다.

정말이지 세상에는 재미있는 일도 참 많고, 맛있는 음식도, 즐거운 일도 많다. 아마 천 년 동안 살면서 해보고 싶은 일에 다 도전해도 못 해본 것들이 훨씬 더 많을 것이다. 그리고 더욱 분명한 것은, 천 년 동안 그 모든 도전에 성공해도 만족은 없을 거라는 사실이다.

배워보고 싶은 것, 가보고 싶은 곳, 해보고 싶은 일…. 사람들은 그것을 '꿈'이라 부른다. 실제로 세상에서 일을 하며 성취감을 느끼고, 사람들에게 인정받고, 사람들에게 웃음이나 감동을 주는 일 등을 통해 얻는 기쁨은 참으로 큰 것이다. 특히 남자는 명예욕이 강해서 사람들의 인정을 받는 일을 외면하기가 어렵다. 그러다 보니 다 가족을 위해서 하는 일이라지만 자신의 일에 승부욕을 가지고 매달리게 되며, 괜찮은 성과를 얻기 위해 남들보다 더 많이 뛰고 덜 자고 하다 보니 자연히 가족에게서 멀어지게 된다.

나에게도 그런 시간들이 있었다. 나름 즐겁고 보람된 시간이었고 그것을 통해 얻은 것도 있었지만, 그런 것들은 어차피 내 삶의 가지였음을 그때는 몰랐기 때문에 미친 듯이 바깥일에 몰두했었다. 물론 그런 시간들은 남들보다 많은 노하우와 기량을 가질 수 있게 해주기도 한다. 그러나 그러는 동안 크든 작든 놓치는 것들이 생기게 되는데, 가진 것과 놓친 것의 가치와 우선순위를 혼동하면 안 된다.

   과일나무를 가꾸려면 '가지치기'가 필요하다. 가지가 너무 많으면 영양분을 빼앗기게 되어 어떤 가지도 건강하지 못하고 그저 무성하기만 한 상태가 된다. 모두 필요한 가지들인 것처럼 보이지만, 정말 건강하고 좋은 나무가 되려면 잔가지들을 잘라내는 아픔을 감수해야만 한다.
   사람의 삶도 마찬가지인 것 같다. 사회적으로 많은 것을 이루는 것도 중요하겠지만 다시 돌아올 수 없는 시간에 자녀들의 곁을 지켜주는 것이나 부모에게 할 도리를 다하는 것, 그리고 자기 가족을 돌아보는 것이 더 중요하다. 그리고 그 많은 취미와 외부적인 활동들을 하느라 놓친 소중한 순간들을 되찾는 것이 더 중요할 것이다.

3

영화 〈버킷리스트〉에 나오는 불치병 노인 에드워드와 카터는 얼마 남지 않은 생애에 꼭 해보고 싶은 일들을 리스트로 만들어 적게 된다. 그 소원들이란 '눈물 날 때까지 웃어보기'와 같은 현실적인 것부터 '세상에서 가장 아름다운 숙녀와 키스하기' 같은 비현실적인 것, 상당한 재력가인 에드워드의 돈으로 해결할 수 있는 호화로운 여행까지, 그 종류가 다양했다. 그들은 소원들을 하나씩 이룰 때마다 리스트의 내용들을 지워나간다.

그러던 두 노인은 다투게 되고 여행을 포기한 뒤 각자의 생활로 돌아간다. 어느 날 에드워드는 카터가 권유했지만 말도 안 된다며 거절했던 일을 떠올리고, 오랫동안 인연을 끊고 왕래하지 않은 딸을 찾아가게 된다. 에드워드가 딸에게 무언가 말하자, 딸은 아버지를 받아들인 후 손녀딸을 소개한다. 감격한 에드워드는 앉아서 두 팔을 벌려 어린 손녀를 안아주고 꼬마의 볼에 뽀뽀를 했다. 딸의 집에서 나온 그는 버킷리스트를 꺼내 '세상에서 가장 아름다운 숙녀와 키스하기'라는 목록을 지운다.

이처럼 세상에서 가장 아름다운 것을 자기 집에 두고 밖을 헤매는 사람들이 참 많다. 인생의 여러 가지들을 정리하지 않으면 그것을 찾아낼 수 없고, 그 영양분이 절대 내 영혼과 사랑하는 가족에게 미치지 않는다. 모두 잘 할 수 있다고 자신해서는 안 될 것이다. 어차피 다 해내지도 못할 일들이라면, 어차피 다 해봐도 끝내 나의 영혼을 채울 수 없는 일들이라면 과감히 잘라내고 소중한 것을 위해 정리할 필요가 있다.

구원받은 자녀의 삶은 이 땅에서 끝나는 것이 아니다. 천국은 매일 찬송가만 부르는 따분한 곳이 아니라 상상을 초월하는 아름다움과 모든 것이 가능한, 정말 신나는 세상이다. 거기서는 즐거우면서도 죄가 되는 것이 없는 진정한 기쁨과 꿈의 실현이 가능할 것이다. 지금 인생에서의 실현만을 꿈꾸며 고집하는 사람은, 마치 안락한 자궁 속을 벗어나기 싫어 바깥세상을 알려고 하지 않고 거부하는 신생아보다 더욱 어리석은 사람이다.

지금 내 인생에 뻗쳐놓은 가지들을 돌아보라. 그 많은 가지들이 나무의 중심을 흔들 만큼 무거워지지는 않았는가. 그 가지들을 그대로 계속 키우기만 한다면, 결국 뿌리를 흔들고 나무를 무너뜨릴지도 모른다는 것을 잊지 말아야 한다.

영원한 로맨스는 없다

사랑의 설렘이 지속되는 기간은 보통 몇 개월에서부터 1-2년 사이로 알려져 있다. 개인적인 변수가 많이 있겠지만 일반적으로 보면 2년 이상 지속되기는 실로 어렵다. 한마디로 결혼을 하면 부부간의 전기가 끊기게 되는 일을 누구나 맞게 된다는 것.

결혼을 준비할 때나 신혼일 때 이런 상황에 미리 대비하는 부부들은 별로 없다. 그러다가 나중에 그런 상황을 맞으면 무감각하거나 크게 당황하기도 한다. 물론 이런 현상은 삶의 이치이기 때문에 너무 심각하게 받아들이거나 호들갑을 떨 필요는 없다.

늘 두근두근한 마음으로 살기도 어렵거니와, 가장 편해야 할 가족들 사이에서 언제까지나 긴장감을 가지고 지낼 필요는 없기 때문에, 이 모든 이치는 일단 하나님의 배려가 아닌가 싶다. 부부간에 전기가 끊겼다는 것은 사랑이 완전히 식었다기보다는, 사랑의 방법이나 양상이 달라졌다고 보는 것이 맞을 것이다. 좀 더 성숙해진 것일 수도 있고, 여유가 생긴 것일 수도 있다. 그러나 부성적으로 본다면, 이제는 예전에 비해 서로를 더 이상 중요하게 생각하지 않게 된다는 것이다. 이는 1차 경고 같은 것이다.

80년대 중반까지만 해도 가끔씩 전기가 끊기곤 했던 기억이 난다. 예고 없이 일어나는 상황이지만 종종 벌어지는 일이기 때문에 집에 비상용 양초 몇 개쯤은 늘 있었다. 그런데 요즘은 1년이 가도 전기가 예고 없이 끊기는 일은 거의 없다. 그래서 집에 양초가 있는 집도 거의 없을 것이다. 이제는 정말 전기가 나가기라도 하면 예전처럼 익숙하게 비상용 양초를 꺼내기보다는, 당황해서 그제야 장식용 양초라도 찾고 랜턴이라도 찾게 될 것이다.

가끔 뉴스에서 한겨울에 아파트 한 동 전체의 전기가 모두 나가 밤새 주민들이 떨었다는 보도를 접하곤 하는데, 아무런 대책 없이 전기만 의존했던 사람들은 낭패를 볼 수밖에 없다. 미국의 어느 도시도 대규모 정전 사태로 큰 피해를 입기도 했다.

한마디로 전기가 나가면 곤란하다는 말인데, 부부간의 전기가 나가는 것도 사실은 하나의 사고에 가까운 것이다. 그때부터는 그전처럼 '저절로' 사랑이 가지 않게 된다. 이제는 서서히 모드를 자동에서 수동으로 전환해야 한다.

로맨스에서 책임과 신뢰와 약속과 성실함으로, 그리고 가족의 정으로, 서로 긍휼히 여김으로 살아가기 위해 생각과 삶의 방식을 바꿔야 한다.

3

　내일 밤부터 전기가 끊긴다면 사람들은 뭔가 대책을 세울 것이 분명하다. 그렇다면 결혼 후에 다가올 그런 상황에 대해서도 대비는 필요한 것이다. 늘 설렘만 쫓으려 한다면, 설레는 것만이 사랑이라고 생각해 왔다면 전기가 끊기는 상황을 받아들이지 못한다. 그래서 늘 낭만적인 것만 쫓게 되고, 배우자와의 반짝이던 순간과 현 상황을 비교하거나 예전으로 되돌리려는 시도를 한다. 그러나 그게 뜻대로 될 리가 없으니, 스스로도 시들하지만 상대방의 심드렁함도 서운하기만 하다.
　사랑이 설렘이 아니고 성실함이라는 것, 받는 것이 아니라 아낌없이 베푸는 것임을 알고 늘 하나님 앞에 자신을 가다듬지 않으면 그 삶은 스스로 판 무덤에 빠지고 말 것이다.

　말초적이고 흥분된 느낌만이 사랑이라면 한 명의 배우자와 평생 사는 것은 참 따분한 일일 수도 있다. 그러나 참된 사랑은 그런 것이 아니다. 사랑은 설렘의 감정 속에는 존재하지 않던 슬픔과 고통과 외로움과 좌절까지도 함께 품어야 하는 좁은 길이다.

4

　그렇다면 끊어질 전기에 대비하는 방법에는 어떤 것이 있을까.
　우선 하나님이 허락하시는 시기에 자연스럽게 아기를 갖고 또 낳는 것이다. 무리하게 임신을 피하는 것은 순리에 맞지 않기 때문에 얻는 것보다 잃는 것이 많을 수 있다. 전기가 끊겨 암흑이 찾아와도 아이의 웃음소리는 그 모든 것을 밝힐 수 있다.

〈마지막 선물〉이라는 영화를 보면, 어떤 할머니 손에 자란 주인공 남자가 연인과 가족을 이루어 아기를 갖게 된다. 그때 그는 자기를 키워준 할머니가 했던 "가족은 세 명 이상이 돼야 진짜 가족이다"라는 말을 떠올리며 행복에 잠긴다. 가족의 단위가 법적으로 어떤지를 떠나서 일리가 있는 이야기다. 말하자면 부부는 콘택트렌즈 같은 것이고 자녀가 있는 가족은 안경과 같은 것이다. 렌즈는 늘 따로 떨어질 수 있지만, 안경은 알이 두 개지만 분리되기가 쉽지 않은 한 덩어리다. 이렇듯 아이는 두 개의 안경알을 굳게 지켜주는 안경테와도 같다. 한쪽 눈만으로는 세상을 제대로 볼 수가 없다.

부부간의 사연과 추억을 많이 만들어야 한다. 뭔가 함께할 수 있는 것들을 많이 하는 것이다. 특히, 좋았던 여행의 추억은 배우자와 어려운 시기를 맞이하여 중대한 기로에 설 때 그 사람을 붙들어 주기도 한다. 또 하나님 앞에서 함께 기도했던 순간이나 자잘한 일을 함께 했던 일상조차도, 어둠이 다가올 때는 전기보다도 밝은 반짝임을 보여줄 것이다. 이런 일상이 없이 기러기 아빠로 떨어져 지내거나 각방을 쓰는 등 따로 바쁘게 살아가는 이들은 점점 자신들의 울타리를 연약하게 만드는 것이다.

이밖에도 서로 주고받은 편지들, 사진들, 함께 본 영화 등을 비롯해서 각 부부만의 노하우는 여러 가지가 있을 것이다. 핵심은 '우리 사랑이 영원하지 않을 수도 있음'을 인정하기 싫은 신혼의 낭만적인 생각부터 떨쳐 버리고, 열심히 사랑하고 온 마음을 다해 가정에 충실하라는 것이다.

일정 기간이 지난다고 애정이 떠나는 것은 물론 아니다. 하지만 두꺼비집에 숨겨진 작은 휴즈 하나가 집 전체의 전기를 마비시키듯, 사랑이 와해되는 것도 잘 인식하지 못하는 작은 것으로부터 시작된다. 지혜로운 사람은 무엇이든 미리 대비한다. 장래의 가정을 위해서도 양초든 랜턴이든 미리 준비하는 것이 삶의 지혜인 것 같다.

내가 당신 없으면 못 살 거 같아?

1

사람이 억울한 일을 당하거나 괴로울 때, 그러나 그것을 당장 어떻게 반전시키기가 어려울 때 흔히 쓰는 방법은, 미래에 기대와 희망을 거는 것이다. 내가 지금은 이러고 있지만 반드시 역전시켜 이 상황을 극복해 보리라는 생각이다.

그래서 억울한 식민지의 백성들이 막연하지만 독립의 새날이 다가올 해방의 미래를 꿈꾸듯이, 결혼생활에 닳고 지친 사람들은 먼 미래를 담보로 그날그날을 버텨가고 있다. 이런 말들과 함께 말이다.

"애들 시집 장가만 보내면 이혼할 거야."
"어디, 늙어서 봅시다."
"새로운 운명적 로맨스가 생기면 반드시 새출발을 하리라."

그렇다고 해서 모두가 이 말들을 행동으로 실천하는 것은 아니다. 그저 정신적 복수쯤으로 여기거나 생각으로나마 현실을 도피함으로써 스트레스에서 벗어나고자 하는 의도인 것이다.

이렇게 상대방이 듣든지 안 듣든지 먼 미래에는 정말 '저 인간 없는 세상'에서 마음껏 살아보고 싶다는 생각을 하게 되는데, 종교가 없는 사람은 '다음 세상에서는 절대 만나지 않으리라'고 다짐을 하고,

천국을 믿는 크리스천들은 천국 가면 다 잊혀질 것으로 잘못 알기도 하며, 심지어 내세에서는 서로 안 마주치기를 바라기까지 한다. 그럼 누구더러 지옥에 가라는 건가?

2

어떤 일에 임할 때, 또 어떤 사람을 대할 때 요즘 들어 부쩍 그 일, 그 사람에 대해 '내가 최종적으로 어떤 입장을 가지고 있는가'를 생각하게 된다. 하나님을 믿어 구원받았다고 하지만 정말 나중에 그리스도의 심판석이 있어서, 자신의 모든 삶을 회계 보고할 날이 올 것을 아는 사람은 마구잡이로 살아갈 수 없다. 이처럼 내 배우자를 내 삶과 내세에서 어떤 위치의 사람으로 알고 규정하느냐는 무척 중요하다.

만일 자녀들을 다 키워 시집 장가를 보낸 뒤 이혼을 꿈꾸는 사람이 있다면, 그 사람은 결코 상대방을 존중할 마음이 없고 서로의 관계를 회복시키는 시도 역시 하지 않을 것이다. 그 사람이 자녀들을 양부모가 멀쩡히 있는 상태로 결혼시킬 수 있을지는 몰라도, 자녀들에게 잘못 각인된 부모상과 가정관에 대해서는 어쩔 도리가 없을 것이다.

늙어서 좀 더 유리한 입장이 되어 상대를 골탕 먹일 수 있는 때가 올 수는 있지만, 결국 자신도 쓸쓸한 황혼 길에서 가장 좋은 친구를 원수로 만드는 외로운 늙은이일 수밖에 없지 않을까. 그리고 새로운 운명적 로맨스라는 것은 길고 어두운 불행과 끝없는 상처만을 남기게 된다. '운명적'이라는 것이 결혼이라는 가장 운명적인 울타리 밖에는 있을 수도 없는 것이지만.

3

그런데 문제는, 누군가 이런 미래적 복수에 관한 상상을 스트레스 해소법으로 삼고 있다면 그것을 상대방도 알고 느낀다는 것이다. 그것은 아무리 숨기려 해도 재채기처럼 드러난다. 양다리를 걸치게 된 연인은 먼저 사귄 연인과 싸우다가 감정이 격해지면 반드시 이런 유의 말을 하게 된다고 한다.
"흥, 내가 당신 없으면 못 살 거 같아?"

이처럼 자신이 내뱉는 말들과 행동들은 자기가 미래를 어떻게 생각하는지 드러내 주고, 그것은 상대방 배우자는 물론 자녀들과 주변 가족들에게도 불안감을 주는 등 악영향을 끼치게 된다. 자녀들은 자신들이 부모의 삶에 걸림돌이 된다고 여기게 되거나 미래에 대한 알 수 없는 불안에 시달릴 것이다.

때로는 배우자가 미울 수도 있고 야속할 수도 있다. 그러나 당신이 배우자를 조금이라도 사랑하고 결혼에 대한 하나님의 명령을 존중한다면, 당장 배우자에게 이렇게 선언해야 한다.
"내 인생은 이미 결정 났고, 나는 사랑하는 당신과 끝까지 살 거니까 그렇게 아시오."

당신의 결심이 장난이 아님을 안다면, 그 다음부터 당신의 태도나 배우자의 태도는 아주 작은 것부터 바뀌게 될 것이다.

남은 모든 인생을 스트레스로 채우기로 결심하고 사는 사람은 별로 없다. 먼저, 당신의 미래와 화해하라. 미래에 있을 그 많은 싸움과 신경전을 포기하라는 것이다. 미래란 현재와 그 경계조차 모호한 것 아닌가. 현재가 과거의 영향을 받듯이 미래는 어쩔 수 없이 현재의 영향을 받는 것이다. 휴대폰을 3개월만 쓰고 신상으로 바꿀 사람과 오래 쓸 사람은 기계를 다루는 자세부터 다르다. 만일 당신이 일생동안 단 한 대의 휴대폰만을 사용해야 한다면 어떻겠는가. 그런 마음으로 배우자를 본다면 부부도 가정도 삶도 서서히 제자리를 잡게 될 것이다.

이삭과 노아의 거룩한 공통점

1

한 사람이 한 사람하고만 결혼을 하도록 되어 있는 방식에 대해 의문을 품는 사람들이 간혹 있다. 왜 그래야 하느냐, 그건 누가 만든 법칙이냐, 왜 꼭 그런 고정관념을 가져야 하느냐, 문화와 풍습에 따라 결혼의 방식은 여러 가지가 아니냐… 등등.

말하자면, 여기서는 죄지만 저 나라에서는 죄가 아닐 수 있다는 식의 상대적 접근으로 결혼이나 혼전, 혼외 관계를 바라보며 합리화한다는 것이다. 실제로 세계의 많은 민족들을 보면 일부다처제를 유지하는 경우도 있고, 반대로 일처다부의 형태를 보이는 민족들도 있다. 예컨대 아랍 쪽 나라의 남자들은 재력에 따라 아내를 여럿 두고 있다.

내 은사이신 교수님 한 분은 티베트와 인도 등지를 여행하며 많은 사진을 찍고 글을 써서 책으로 내기도 했는데, 티베트의 어느 지역에서는 한 여자에게 7형제, 8형제를 모두 장가보내기도 한단다. 더구나 여자들은 죽어라 가사일과 농사일을 하며 아이도 기르면서 사는데, 남자들은 하루 종일 멍하니 시간을 죽이는 게 일이란다.

이렇게 여러 형제가 한 여자와 결혼을 하게 되니, 아이를 낳으면 일단 자기 아들이지만 동시에 형수나 제수씨의 아들이기도 하고 조카가 되기도 하고, 엄마 역시 큰어머니나 작은어머니 등 숙모가 되고, 자녀들끼리도 친형제이면서 사촌이 되는 등 완전 콩가루 집안이 되고 만다는 것이다. 그 지역 젊은이들은 이런 풍습을 점차 거부하고 있다지만 기성세대는 여전히 한 여자에게 여러 아들을 보내고자 한다는 것이다.

 대체 왜 이런 결혼제도가 생기는 걸까. 남녀의 비율은 아주 똑같지는 않지만 늘 대등하고, 세상에는 남녀 외에 다른 성은 존재하지 않으므로, 정상적인 사고를 가진 사람이라면 누구나, 사람이 둘 이상의 배우자를 가지게 되면 많은 부분들이 뒤틀린다는 것을 알 수 있을 텐데 말이다.

2

 크리스천들도 많은 의문을 가지고 있다. 결혼제도는 일종의 풍습이 아니냐는 것이다. 성경에 나오는 인물들만 해도 그렇다. 믿음의 조상이라는 아브라함도 여러 아내가 있었고, 솔로몬 같은 왕은 수백 명 넘는 아내가 있지 않았느냐는 것이다. 그리고 성경에 한 명의 배우자만을 가지라는 말씀이 어디 있느냐고 묻기도 한다.

 이런 결혼에 대한 정체성의 확립이 없으면 잘못 가기 쉽다. 결혼제도는 단지 서류상의 법적 결합만을 뜻하는 것이 아니라 이성을 취하는 것 자체를 말한다.

 그렇다면 성경은 정말 다양한 결혼제도를 허용하고 있는 것일까.

아래 말씀은 크리스천들의 결혼식 때 꼭 선포되는 말씀이다.

"바리새인들도 그분께 나아와 그분을 시험하여 그분께 이르되, 남자가 무슨 이유로든 자기 아내를 버리는 것이 율법에 맞나이까? 하매 그분께서 대답하여 그들에게 이르시되, 처음에 그들을 만드신 분께서 그들을 남성과 여성으로 만드시고 말씀하시기를, 이런 까닭에 남자가 아버지와 어머니를 떠나 자기 아내와 연합하여 그들 둘이 한 육체가 될지니라, 하신 것을 너희가 읽지 못하였느냐? 그런즉 그들이 더 이상 둘이 아니요, 한 육체이니 그러므로 하나님께서 짝지어 주신 것을 사람이 나누지 못할지니라, 하시거늘" 마 19:3-6

이에 바리새인들은 예수님이 어떻게 대답하시는지 보려고 다음과 같이 묻는데, 예수님은 해답을 알려 주신다.

"그들이 그분께 이르되, 그러면 어찌하여 모세는 이혼 증서를 주어 그녀를 버리라고 명령하였나이까? 하니 그분께서 그들에게 이르시되, 모세가 너희 마음이 강퍅하므로 너희 아내를 버리도록 너희를 허락하였으나 처음부터 그것은 그렇지 아니하였느니라. 내가 너희에게 이르노니, 누구든지 음행 외에 다른 이유로 자기 아내를 버리고 다른 여자와 결혼하는 자는 간음하며 또 누구든지 버림받은 여자와 결혼하는 자는 간음하느니라, 하시니라" 마 19:7-9

'처음부터 그것은 그렇지 아니하였느니라'는 말씀은 처음 하나님이 세상을 창조하실 때는 그렇지 않았다는 것이다.

3

그렇다면 일부다처의 개념은 언제부터 생겼을까.

그것은 창세기 4장에 나오는 가인의 후예 '라멕'이라는 자가 자기 멋대로 도입한(?) 방식이었다.

"라멕이 두 아내를 취하였는데 하나의 이름은 아다요, 다른 하나의 이름은 실라더라" 창 4:19

그 이전에 가인은 동생 아벨을 죽인 대가로 에덴의 동쪽 놋 땅으로 추방되었는데, 하나님은 그가 다른 이들로부터 해를 입지 않도록 가인을 해치는 자는 일곱 배로 보복을 받으리라고 하시며 표를 주셨다. 그런데 그의 후예인 라멕도 살인자였다. 그는 사람을 죽인 뒤 자기 멋대로 아내들에게 이렇게 선포했다.

"라멕이 자기 아내들에게 이르되, 아다와 실라여, 내 음성을 들으라. 라멕의 아내들이여, 너희는 내 말에 귀를 기울이라. 내가 내게 상처를 입힌 남자를 죽였고 나를 다치게 한 청년을 죽였느니라. 가인을 위해 일곱 배로 복수할진대 참으로 라멕을 위해서는 일흔일곱 배로 복수하리라, 하였더라" 창 4:23-24

참으로 어처구니없고 교만한 자가 아닐 수 없다. 무엇이든 자기 멋대로다. 아무튼 그를 시작으로 사람들은 아내를 여럿 얻기 시작했고, 그것은 많은 비극을 불러 일으켰다. 아브라함도 아내의 종인 하갈을

취함으로써 이스마엘을 낳게 되었는데, 이스마엘은 후에 이슬람 민족의 조상이 되어 모든 민족을 대적하게 되었으며 오늘날까지 세계를 시끄럽게 하고 있다. 다윗도 큰 실수를 하게 되었고, 전무후무한 지혜의 사람 솔로몬 왕도 많은 이방 여인들과의 혼인으로 그녀들의 이방 신들을 허용하는 과오를 저질렀다.

반면에 경건한 이들은 일부다처의 풍습 하에서도 남들이 어찌하든 한 여자만을 고수했다. 이삭도 리브가 한 명 뿐이었고, 홍수로 온 세상이 멸망하는 과정에서도 하나님께 선택받아 살아남은 노아와 그의 세 아들도 모두 한 여자만을 취했다. 방주에 탄 사람은 모두 여덟 명, 네 남자와 그들의 네 아내뿐이었던 것이다. 그 이후에도 그들이 다른 여자를 취했다는 기록은 없다.

늘 금기를 지향하는 인간의 죄성은 정욕대로 기형적인 결혼 풍습을 만들었고 또 이를 합리화했다. 하나님은 그저 한 여자와 한 남자를 만드셨으며, 두 사람이 만나 살아가도록 정해놓으셨음을 예수님은 분명히 가르치고 계신다. 이혼에 대해서도 마찬가지다.

인간은 자신의 정욕 때문에 편법을 쓸 때, 또 석연치 않은 일을 할 때 아담과 하와처럼 변명을 하거나 라멕처럼 뻔뻔한 합리화를 서슴지 않는다. 이런 탐욕이 하나님의 법을 흐트러뜨려 스스로에게 재앙이 되게 하는 일이 많다. 모든 법칙이 그렇지만, 다산하고 번성하라는 하나님의 명령을 이루기 위한 가장 기본적인 법칙인 결혼제도와 이성관을 바로잡을 때, 세상에는 참다운 평화와 정의가 찾아올 것이 분명하다.

"결혼은 모든 것 가운데 존귀한 것이요 잠자리는 더럽히지 말아야 하거니와 음행을 일삼는 자들과 간음하는 자들은 하나님께서 심판하시리라" 히 13:4

남편에게 지면서 이기는 법

1
여자들이 남친이나 남편에 대한 뒷담화를 펼칠 때 자주 하는 말이 있다.
"이 남자는 얼마나 잘 삐치는지 완전 '삐돌이'라니까."
"우리 남편은 '삐질이'잖아. 내가 애 셋을 키운다니깐…. 애들이랑 똑같아요!"

남자들 입장에서는 무척 듣기 싫은 말들이다. 이런 말을 듣고도 헤벌쭉 웃는 남자가 있다면 둘 중 하나이다. 마음이 바다와 같이 넓은 사람이거나 바보이거나. 그런데 그건 어느 정도 사실이다. 연애를 할 때도 남자들이 여자들보다 질투도 많고, 잘 삐치고, 신경질적인 경우가 많다.

결혼 전에는 제법 호기가 있어 보이던 사람도, 나이를 먹을수록 소심해지고 잔소리만 늘어가는 등 왠지 아줌마스럽게 변하는 것 같다. 결혼 전에는 어떻게든 상대에게 잘 보이고 싶은 마음에 자기를 다 드러내지 않기 때문에 알아채기도 어렵다.

시대가 달라져도 하나님이 만드신 남자들의 본성에는 큰 변화가 없기에, 남자들 특유의 자존심과 심지를 가지고 있기 마련이다. 세상이 바뀌어서 요즘은 입 가리고 웃는 남자도 많고 변기에 앉아서 오줌을 누는 남자들도 늘어나는 추세라지만, 웬만한 남자들은 '그릇이 작다'라든지 '통이 크지 못하고 속이 좁다', '잘 삐친다' 등의 이야기를 아주 싫어한다.

그렇다면 여자들이 괜한 말을 하는 걸까? 남자들이 여자들보다 자잘한 일에 신경을 덜 쓰고 비교적 대범한 것이 사실이지만, 삐치는 면에서 보면 꼭 그렇지만은 않다. 남자가 봐도 남자들은 분명히 잘 삐친다. 자주 꽁하거나 소심한 남자들도 점점 많아지고 있는 것 같다.

2

남자들이 삐치게 되는 과정은 예를 들어 이런 상황이다.

연애 중인 남녀가 있는데, 길을 가다가 여자의 교회 오빠를 만났다. 통성명을 하면서 보니 여친이 유독 자주 얘기했던 바로 그 선배였다. 5분쯤 서서 안부를 묻고 이야기하는데 남친은 모르는 자기들끼리의 이야기도 몇 마디 나오고 해서 남자는 뻘쭘해진다. 그렇게 선배와 헤어시고 다시 두 사람만 가는데 남자는 왠지 찜찜하다. 좀 전의 그 사람이 자기보다 멋진 것 같고 자꾸 신경이 쓰인다. 게다가 여친은 계속 그 선배 이야기를 해댄다.

데이트를 하는데도 남자는 김이 새고 흥이 안 나서 별 말이 없다. 그렇다고 여친이 딱히 행동을 잘못한 것도 없는데 따질 수도 없고, 속에서는 자꾸 열불이 나고, 그러는 자신이 속 좁은 놈 같아서 더 화가 난다. 여친은 남친의 급 다운된 모습에 왜 그러냐고, 무슨 일 있느냐고 묻지만 아무것도 아니라고만 대답한다. 이럴 때 여친이 절대 해서는 안 되는 말이 있다.

"어이구~ 아까 그 오빠 땜에 삐친 거야?"
"뭐야, 그 오빠한테 지금 질투하셈?"
"하이고…, 그깟 일에 삐치다니, 님 좀 아닌 듯."

이런 말은 LPG 가스가 꽉 찬 집에다 라이터를 켜는 말이다. 남자들은 이런 종류의 말을 정말 싫어해서 극구 부인하거나 버럭 화를 낼 수도 있다. 지혜로운 여자는 눈치를 챘어도 모른 척하고 남자의 기분이 풀어지도록 애교를 보이거나 사랑을 표현해 줄 것이다. 만일 여자와 남자의 상황이 뒤바뀌었다면 어땠을까. 성격에 따라 다르겠지만, 여자의 경우 토라진 마음을 남자보다는 쉽게 표현하거나 아예 눈치 안 보고 자기 생각을 말할 것이다. 여자에게는 그런 모습이 별로 어색하지 않고 오히려 귀여울 수도 있지만, 남자 체면은 좀 다르다.

미혼 시절은 물론, 가정을 꾸린 뒤에도 남편들은 '남자다워야', '아빠다워야', '가장다워야' 한다는 것 때문에 내색을 하지 못하고 혼자 끙끙 앓는 일이 많다. 그러다 보면 자기도 모르게 얼굴은 자꾸 굳어지고, 얘기하기 싫은데 자꾸 물으면 "아, 됐어~ 몰라~ 아무것도 아니야~." 하다 보니, 삐친 것처럼 보이는 것이다.

3

　남자들은 여자보다 강하지 못한 존재인데 자꾸 강한 척을 한다. 또 세상이 그렇게 부추기기도 한다. 일단 군대에 가야 하고, 늘 힘겨루기를 해야 하며, 남자의 역할을 다하면서 가정을 책임져야 한다. 어떤 얼빠진 작자가 만든 '남자는 태어나서 딱 세 번 운다'는 격언 아닌 격언에 부담을 느끼기도 한다. 그래서 남자들은 잘 울지도 못하고, 자기 아픔을 하소연하지도 못하며, 늘 강한 척, 안 그런 척 버틴다. 이런 식의 행동이 고스란히 스트레스가 되어, 남자들의 평균수명이 여자보다 10년 가까이 적은 것이라고 분석하는 이들도 있다.
　남자들의 자존심은 늘 이기는 것을 미덕으로 알고 살아가게 한다. 그래서 내공이 깊은 여자들은 남자에게 늘 져준다. 그러면서 남자의 기도 살리고 자기가 원하는 것도 취한다. 그러나 미련한 여자는 자주 남자의 자존심에 흠집을 낸다.

　10년쯤 전에 어느 자동차 영업사원에게 들은 이야기다.
　남자가 겁 없이(?) 자동차 전시장에 와서 차를 골라 계약하려고 하면 그는 가서 와이프랑 같이 오라면서 아예 처음부터 돌려보낸다고 했다. 왜냐하면, 기껏 고심해서 계약하고 서류를 준비하고 나면, 저녁에 그 부인이 다시 와서 색깔, 옵션, 할부 조건, 심지어 차종까지 다 바꾸고 가는 바람에, 일을 아예 새로 해야 하는 낭패를 많이 겪었기 때문이라고 했다.

자동차 구입을 아내와 상의하지 않고 엉성하게 결정한 남편도 문제겠지만, 부인이 직접 와서 그렇게 바꾸는 행동은 남편의 체면에 큰 손상을 입히는 것이다. 무심한 여자들은 이런 걸 모르고 남편의 실수와 자동차만 생각한다.

이런저런 의견 대립 상황에서 남자는 '나와 다른 상대방의 의견' 때문에 화가 난다기보다 그 의견이 나온 배경, 즉 '나를 뭘로 보길래 저런 행동을 하나…' 내지는 그 의견을 말하는 '태도와 방법' 등에 주목하는 경우가 많다. 그래서 본격적으로 문제 삼기 애매한 일에는 삐치는 것이다.

요즘은 남자들의 권위를 이야기하려고 하면 여자들이 펄쩍 뛴다. 남자가 가정의 머리이니 주님께 하듯 하라는 말씀이 성경에 나오지만, 요즘 여자들은 다른 말씀은 다 인정해도 그것만은 시대에 맞게 각색해서 이해하려고 한다.

물론 남자가 권위를 인정받지 못한다면, 우리 주님처럼 자기의 모든 것을 주면서 희생하는 일편단심의 참사랑을 베풀지 못한 남자의 책임이 크기에 누가 잘하고 잘못했다는 식의 이야기는 아니다. 남자들이 잘 삐치는 것이 꼭 속이 좁아서만은 아니라는 거다. 하나님이 명령하신 본성을 지닌 채, 뒤틀리고 왜곡된 세상을 살다 보니 표정관리가 안 될 때가 많다는 이야기다. 입을 다물고 스스로 삭이려고 애쓰고 있으면, 그 남자는 삐친 사람이 되고 만다.

하지만 이제는 남자들도 좀 더 큰 사랑과 넓은 마음을 지니려고 애써야 하겠다. 여자들도 남자들을 자극하는 비아냥거림은 이제 그만하고, 권위적인 남성상에서 탈 권위적 남성상으로의 빠른 적응을 감내해야 하는 남자들의 애환을 이해하려는 노력을 조금만 더 해보면 어떨까.

남자는 언제 폭력적이 되는가?

1

폭력은 아주 원초적이고 다소 야만적인 인간의 본성이다. 이런 본성을 다 드러내면서는 문화적이고 인격적인 사회를 만들 수 없을 것이다. 때문에 사람들은 최초로 하나님이 주신 법을 기초로 각종 법규를 만들어서 지키고, 스스로 절제하거나 서로 견제하며 살아간다.

그런데도 인간사회에서의 마지막 수단은 늘 폭력이다. 말로 안 될 때, 법으로 안 될 때, 협상이 불가능할 때, 상대방이 무조건 싫거나 그가 가진 것을 빼앗고 싶을 때…, 인간은 전쟁을 일으키거나 상대방을 힘으로 제압하여 목적을 이룬다. 이런 싸움은 일단 힘센 쪽이 늘 이기기 마련이다. 그러나 시간이 조금만 흐르면 그가 야만적이었다는 것도, 진정한 승리가 아니었다는 것도 알게 되는 일이 많다.

남녀 관계에서도 폭력은 의사소통의 한 가지 수단으로 즐겨(?) 사용된다. 직접 손찌검을 하는 일도 물론 있겠으나, 이외에도 언어의 폭력에서부터 기득권을 이용한 은근한 제압과, 힘을 전제로 한 기물파손과 공갈협박 등이 모두 폭력에 해당한다고 볼 수 있다. 남자는 대개 여자보다 힘이 세기 때문에 이런 폭력은 주로 남자들의 이야기다.

남자들의 가정폭력은 아무리 성숙한 사회라고 해도 예외가 없다.

아무리 강력한 법이 있어도 늘 사회의 한 구석에서 문젯거리로 남아있기 마련이다. 인류가 지속되는 한 이런 남성들의 배우자에 대한 폭력은 이어질 것이 틀림없다. 그렇다면 힘이 약한 여자들에게는 뭔가 대책이 있어야 할 것이다. 그냥 그렇게 살든지, 어떤 규제조항을 만들어서 미연에 방지하든지, 같이 치고받든지, 무기로 대응하든지 말이다.

2

본능적인 문제는 본능적인 것과 연관이 있다. 남녀 간의 성 문제가 바로 그것인데, 성적으로도 남성은 여성에게 폭력적일 수가 있다. 성적인 문제를 남자가 반드시 주도권을 가진 행위로 보거나 힘의 원리로 해석하는 사람은 일상생활에서도 폭력적이 될 수밖에 없다. 유치한 남자들이 여자를 대하는 태도가 변하는 시점은 말할 것도 없이 상대를 육체적으로 '정복'했다고 생각하는 시점이다. 자신도 모르는 의식의 변화가 일어나는 것이다.

정신이 건강한 남자라면 이런 문제와 상관없이 자기 페이스를 유지한다. 자신이 상대와 육체적인 관계를 가졌느냐에 따라 행동과 마음이 달라지지 않는다는 말이다. 정상적인 사람은 사랑하는 여자와 육체적인 관계를 가지면 상대방을 더욱 소중히 여기고 이제부터는 자신이 지켜주어야 할 사람으로 생각한다. 그러나 자아가 불안정하고 속내를 결국 폭력으로 드러내는 사람들은 여자를 육체적으로 제압함으로써 자신이 마음대로 해도 되는 자기 소유물이라고 생각한다.

그런 사람들은 그때부터 여자를 일종의 '훼손된 소유물'로 인식하기 때문에 무의식 속에서 그 가치를 부분적으로 상실해 가는 것이다. 이들은 인격이 미성숙한 사람들이기 때문에 어린 아이처럼 사고하고 행동한다. 어떤 장난감을 갖고 싶어서 안달을 하다가 그것을 쥐어주면, 처음에는 열광하지만 금세 싫증을 느끼고, 흠집이 났다고 생각하는 시점에서는 그것을 소홀히 하며 막 굴리는 것과 비슷하다.

이런 남자들은 여자가 자기 뜻대로 되지 않으면 견디지 못하고 폭력을 행사한다. 부부관계도 자기가 원하면 할 수 있는 것으로 생각하고 자기 욕심만 채우는 식으로 끝낸다. 상대방의 의사는 중요시하지 않는 것이다. 아무리 부부라 해도 매번 관계를 허용할 의무는 없다. 부부간의 강간 성립을 인정하는 법원의 판결이 우리나라에서도 이미 나오고 있을 만큼 이는 당연한 것인데도 그동안 여성들은 많은 피해를 입어 왔다.

이런 유의 한심한 남자들은 여자를 차지하기 전까지는 안달하고 또 그녀에게 열광한다. 그러나 결혼하고 나면 그 여자가 이제 빼도 박도 못할 것이라는 생각으로 막 대하는데, 이들에게는 아무리 결혼을 하고 육체적으로 관계가 이루어졌다고 해도 여전히 아내는 독립적인 한 사람이며 뜻대로 가질 수 없는 인격체임을 분명히 알려줘야 한다.

'좀 지나면 나아지겠지' 하는 생각으로 받아 주다가는 더 큰 문젯거리가 되고 만다.

폭력은 습관이다. 처음부터 일관성 있게 거부하고 당당하게 대처해야 한다. 남편을 위해서나 자녀를 위해서도 정말 중요한 문제다.

3

원래 무식하고 안하무인인 사람들은 조금만 수틀리면 주먹이 올라가지만, 보통 남자의 경우는 몇 번 참다가 도저히 방법이 없을 때 우발적으로 자신의 폭력성을 드러내 상대에게 겁을 준다.

내 친구 하나는 차마 아내를 때릴 수가 없어서 폭력을 써 본 적은 없으나, 물건을 집어던진 적은 있다고 한다. 그는 말로 싸우다가 한계에 부닥치자 들고 있던 TV 리모컨을 던졌는데, 리모컨이 손을 떠나는 순간 '이건 아닌데…' 싶은 생각이 스쳤지만, 이미 리모컨은 손을 벗어나 허공을 날고 있더라는 것이다. 돌이킬 수 없는 일이 벌어지고만 것이다.

이렇듯 남자들 중 크고 작은 폭력을 쓰고 싶어서 쓰는 사람은 많지 않다. 이게 아닌 줄을 알면서도 참다 참다 저지르고 마는 것이다. 그러나 일단 폭력이 시작되면 그것에 대한 부끄러움을 덮기 위해 또 다른 폭력을 행사하게 되고, 자신이 얼마나 화가 났는지, 왜 그럴 수밖에 없었는지 납득시키기 위해 재차 폭력을 쓰는 악순환이 벌어지는 것이다.

또 대부분의 남자들은 남성 우월적인 분위기에서 자랐기 때문에 권위에 도전하는 모습을 참지 못한다. 그들은 세상이 바뀌고 있다는 것을 알지만 물러설 수 없는 선은 분명히 존재한다고 믿기 때문에, 그 선까지 밀렸다고 생각되면 배수진을 치고 있다가 무력으로 반발하곤 한다. 다른 가족이나 자녀들이 보고 있거나 할 경우에 더욱 흥분하는 이유가 여기에 있다.

남자가 여자를 때리게 되는 방아쇠 역할을 하는 대사는 대강 이런 것이다.

"때려봐, 때려봐!!"

"쳐라, 쳐!! 죽여라, 아주…."

남자를 약 올리면 그들은 이성을 잃고 만다. 당당함과 약 올리는 것에는 분명 차이가 있다. 남자들은 자기 짝인 여자를 세상에서 가장 두려워하고 눈치도 가장 많이 본다. 그것은 일이 시끄러워지는 것을 꺼린다는 말이기도 하지만, 그만큼 존중한다는 뜻이기도 하다. 그들은 여자가 악을 쓰며 덤비는 것보다, 냉철하고 단호하게 최후통첩 하는 것을 훨씬 두려워한다.

그러므로 "내가 왜 당해? 내가 왜 여자라는 이유로 져야 돼?" 이렇게 생각할 것이 아니라, 최후의 카드라고는 무력밖에 없는 나약한 남자들을 먼저 이해하고 대처하는 것이 순리라고 본다. 그것이 궁극적으로 그들을 이기는 방법이고, 그들의 폭력에 대한 의지를 좌절시키는 요령이다.

여성들이여, 다시 한번 기억하라. 남자들은 그대들보다 대략 단순하다는 것을.

남편은 아내의 진심을 먹고 산다

1

결혼을 하면 남자와 여자 중 누가 더 편할까?

세상이 바뀌었다고는 해도 아직까지는 남자가 조금 더 편한 것 같다. 남자를 좀 더 대우해 주는 풍속이 아직 남아 있으니 말이다.

하지만 결혼한 남자들의 삶이란 겉으로 편하고 속으로 문드러지는 삶인 경우가 많다. 남자라서 받는 대우란 사실 앞으로 남고 뒤로 밑지는 장사 같은 거란 얘기다. 전업주부와 사는 남자는 돈이 많이 드는 한국에서의 인생시스템 때문에 괴롭고, 맞벌이 하는 남자는 경제적으로 좀 여유가 있겠지만 그에 따른 가사분담의 대가를 치러야 한다.

하지만 남자들이 힘들다는 것은 이런 단순한 외적인 내용의 이야기가 아니다.

현대의 시스템에서 가장이라는 위치가 되면 모든 관계와 모든 일의 마지막 책임자가 된다. 마치 깔때기처럼 모든 문제들이 모여들어서 자기에게로 쏟아지기 때문이다. 남자가 가족이나 주변으로부터 듣게 되는 괴로운 대사는 대략 이런 것들이다.

"여보, 아무개 네는 해외로 3박 4일 여행을 갔다 왔다는데, 그 집 남자는 돈도 잘 버나 봐."

"당신 애들한테 신경 좀 써…. 아빠라는 사람이."

"아버지, 요즘 이렇게 오래된 컴퓨터 쓰는 애들이 어디 있어요…."

"아빠, 우리 차는 왜 이렇게 작아?"

"최 서방…, 우리 애는 자네만 아니었으면 아마 독신으로 살았을 걸세. 결혼하면 고생이지 뭐…."

"아범아. 네가 잘해야 네 마누라가 날 무시 못 하는 거다. 다 남자 할 탓이라고."

"김 과장. 이런 것도 모르니 밑에 직원들한테 치받히지. 살아남으려면 노력을 해야 될 거 아냐."

"야. 넌 아파트 안 사냐? 부동산밖에는 우리나라에서 재산을 불릴 방법이 없다니까."

이런 말들은 남자이기 때문에 들어야 하는, 들을 수밖에 없는 말들이다. 아무리 속이 좋아도 한두 번 들어야 버티지 계속 듣다 보면 감당이 잘 안 된다.

2

만일 위에서 말한 많은 책임이나 역할들을 어깨에 지고 살더라도 남자에게 그만한 권위가 있다면 얘기는 달라진다. 위의 말들을 듣게 된 것 자체가 이미 권위와는 멀어졌음을 뜻하는 것이긴 하지만 말이다. 내 할아버지 세대가 일 안 하고 마냥 놀아도 좋든 싫든 마나님들이 벌어 먹이던 세대라면, 아버지 세대는 경제 논리로 모든 것을 무시키던 정권 아래서 등이 휘도록 일했지만, 그나마 아버지라는 위치에 대한 권위는 인정받던 세대라 할 수 있다. 하지만 요즘은 가정을 위해 자기의 웬만한 꿈은 다 포기하고 경쟁하며 일해야 하는 세대, 그러면서 아버지라는 권위조차 인정받지 못하는 세대가 되었다.

나는 아버지의 수저를 기억하고 있다. 특별한 무늬가 있는, 제일 무겁고 제일 좋은 것이었다. 외삼촌이나 다른 친척 어른들에게도 그분들만의 수저가 있었다. 그런 게 꼭 필요하다거나 부럽다는 얘기는 절대 아니다. 모르긴 해도 요즘 아빠들 중에는 아내가 가장의 수저를 따로 지정한다고 해도 그게 무슨 필요냐고 반문할 사람들도 많다. 하지만 어릴 때부터 '나도 커서 장가가면 나만의 수저가 생기겠지…' 하고 막연히 알고 있던 사람은, 막상 그런 게 없음을 알면 내심 허전하고 서운한 느낌을 받게 된다. 특별하고 예쁘고 좋은 수저는 이제 모두 아이들 몫이다.

지금도 가장이라는 이유로 특별 수저를 쓰는 남자들이 있겠지만 그것도 이제는 권위의 산물이 아닐 것이다. 이 시대의 남자들은 아버지의 수저를 포기해야 하는 시간, 하나의 과도기를 겪고 있는 것인지도 모른다.

3

〈8명의 여인들〉이라는 프랑스 영화가 있다. 애거서 크리스티^{Agatha Christie}의 『쥐덫』을 연상시키는 추리소설 구도에 뮤지컬이라는 형식이 곁들여진 독특한 영화이다. 이 영화는 살해된 가장 마르셀의 애정 없는 아내, 임신한 딸, 인색한 장모, 내연관계인 하녀, 또 다른 하녀와 동성애 중인 여동생, 형부인 자신을 사랑하는 처제, 그들을 경멸하는 막내딸 등 여덟 명의 여인들이 그의 방에 다녀간 후에 결백을 주장하며 범인을 좁혀 가는 과정을 그린 이야기다.

여인들은 모두 자기 입장에서 마르셀에게 필요한 것을 요구하거나 심리적 스트레스를 준다. 하룻밤 새에 가장은 초죽음이 될 만큼 지쳐 버린다. 폭설로 차도 못 다니고 전화도 누군가 끊어버린 상태에서 여인들은 자기 입장을 노래하고, 서로 의심하고, 이해하고, 사랑하고, 증오하고, 또 경멸하는 모습들을 보여 준다. 그녀들로 인해 희생된 남자를 두고 장모는 마지막 노래를 부른다. 남자들의 지친 삶에 대해서…. 모두 요구만 하고 늘 그 자리를 든든히 지켜줄 것을 바라지만 참사랑은 없었다고 노래한다.

가장인 남자를 옭죄는 것이 이 영화에서처럼 여자들만은 아니겠지만, 남자의 삶이 이렇다는 것을 절절히 느낄 수 있는 영화였다.

여자의 삶도 괴롭긴 마찬가지일 것이다. 하지만 여자들의 삶은 과거에 비해 나아지는 중이지만 남자들의 삶은 과거에 비해 더 어려워지고 있다는 데 문제가 있다. 체감온도가 다르다는 얘기다. 결혼한 여자들, 그리고 결혼할 여자들은 알아야 할 것이다. 여자들보다 수명도 짧은 그들은 결코 슈퍼맨이 아니라는 사실을 말이다.

남자들이 지금의 책임을 회피하고 싶다는 것은 아니다. 목숨을 걸고라도 멋진 아빠, 훌륭한 가장, 능력 있는 사위, 잘나가는 아들이 되고 싶고, 되려고 한다. 하지만 남자들은 그런 진심을 알아주는 마음을 먹고 산다. 여자들은 남자들이 자신들의 권익 위에 군림하기 전에 기선을 제압하려 하지만, 남자들의 그런 시도는 애처로운 마지막 발버둥임을 알아야 한다.

함께하는 여성들만이 그들을 진정한 가장으로 만들어 줄 수 있다. 사랑과 배려만이 그것을 가능하게 할 것이다. 그렇게 될 때 창조의 원칙에 따라 부부는 함께 행복하고 균형 있는 삶을 이룰 수 있을 것이다.

아닌 척하지만 아내가 좋아하는 것들

1

연애와 결혼에 관한 어느 모임에 참여할 일이 있었는데, 모임 중에서 누군가 우려 섞인 말투로 한마디 했다.

"그나저나 요즘 남편이랑 말이 안 통해서 괴로워하는 여자들이 참 많더라고요…."

정말 그 말은 사실인 것 같았다. 같이 살지만 서로 껍데기로만 사는 사람들이 의외로 많아 보인다. 연애할 때처럼 서로 생각을 공유하고 나누며 살아가는 부부가 과연 몇 커플이나 될지 의문이다.

남자와 여자는 결혼 이후, 혹은 사회생활 이후에 조금은 다른 길을 걷게 된다. 무슨 말인가 하면, 같은 교육을 받으면서 비슷하게 자라나던 사람들이 결혼이나 사회활동 이후에 남자는 남자들로 정형화되고, 여자는 또 여자들로 자리를 잡게 된다는 것이다. 다시 말해서 나이를 먹다 보면 남자와 여자는 점점 말이 안 통할 수밖에 없다는 것이다.

일하는 여자들도 많은 세상이지만, 어쨌든 여자들은 아이를 키우거나 살림살이를 챙기는 아기자기한 일들을 할 수밖에 없는 경우가 많다. 반면에 남자들은 생존경쟁의 사회에서 점점 메말라가는 것은 물론, 출세와 돈과 명예, 또 싫으나 좋으나 남자들 사이에서의 공통관심사들을 숙지하고 그 속에 얽혀 살아갈 수밖에 없다. 남자들은 사회생활을 하면서부터 스태미너에 좋다는 음식들을 먹으러 갈 일도 많고, 요상한 술집에 갈 일도 생기게 된다. 또 컴퓨터나 자동차에 대해서 모르면 대화에 끼어들 수가 없고 주식시세라든지, 정치문제 등 다양한 사회적 키워드와 이슈를 싫든 좋든 알아야만 살아갈 수 있다.

2

어린 시절 친구들을 만나도 이제는 더 이상 그 옛날의 쑥스러운 미팅 이야기나 짝사랑했던 여학생 이야기를 하지 않는다. 어떻게 하면 회사에서 잘리지 않고 더 나은 미래를 보장받을 수 있을까, 혹은 어디에다 아파트를 사놔야 월급으로 큰 돈 벌기 어렵다는 대한민국에서 목돈 한번 만져 볼까 하는 이야기들로 헤어지는 시간까지 이야기꽃을 피운다.

그러나 여자들은 어떤가. 여자들도 물론 재테크에 관심이 많고 옆집과 자기 집을 재산으로 비교하면서 속물이 되기도 하지만, 그래도 남자들보다는 훨씬 정서적이다. 자기가 만든 음식을 먹어보고 칭찬해 주는 남편이었으면 하고, 가끔 지나는 길에 있는 꽃집에서 허브 화분이라도 하나 사다 창가에 두고 바라보고 싶어 한다. 또 오랜만에 라디오를 켜서 전에 듣던 팝송이라도 한 자락 들어보고 싶다는 생각도 하고, 외국에 나가 사는 친구에게 편지라도 한 장 보내 볼까 하는 생각에 펜을 들기도 한다.

이런 여자들이 여름이면 보신탕을 찾아다니고 거래처 손님을 위한 술 상무 노릇이나 하는 신랑이 맘에 들 리가 없는 것이다. 남자들도 나름대로 고충이 많다는 것을 알지만 예전에 그토록 다정하던 사람을 이제는 더 이상 찾아볼 수 없다는 것에 늘 가슴 한켠이 허탈하다. 비디오를 같이 보려고 해도 깨부수고 피 흘리는 자극적인 것만 보려고 하고, 어쩌다 좀 로맨틱한 영화라도 볼라치면 어느새 졸고 앉았기가 일쑤다. 식당에 갔는데 연애시절에 듣던 음악이 나와도 눈치조차 못 채고 지나다니는 여자들 다리만 쳐다보고 있으니 절망스러운 것이 당연하다.

3

남자들은 여자들이 의외로 낭만적이며 정서적인 삶을 원한다는 것을 알아야 한다. 정서적인 것이라 해서 거창한 것은 아니다. 프로야구나 프리미어리그만 들여다볼 것이 아니라 가끔 뮤지컬이나 콘서트에도 관심을 갖고, 감자탕만 찾을 것이 아니라 때론 즐거운 마음으로 포크에 스파게티도 휘감을 줄 알아야 하고, 성에 안 차는 샐러드도 맛있게 먹어줘야 한다.

내 집인데 어떠냐 싶어서 땀 냄새 풍기며 아무렇게나 누워 코나 후비면서, 다른 한 손은 추리닝 바지춤에 집어넣고 다리나 떨고 있으면 좋을 것이 없다는 이야기다. 어떤 때는 퇴근길에 아내가 좋아하는 책 한 권, CD 한 장 사서 들고 들어가고, 인터넷에 아내가 좋아할 만한 물건이나 꽃을 배달시키는 등 다소 낯간지러운 일도 할 줄 알아야 한다는 것이다. 아닌 척해도 여자들은 좋아한다.

내가 아는 사람 중에 아내와 결혼 10주년 직전에 다툼을 벌이다 냉전에 들어간 사람이 있었다. 그는 이 난관을 타개하기 위해 여러 가지 작전을 짰다. 먼저 라디오 방송국에 사과와 축하메시지가 담긴 엽서를 보내 결혼기념일에 축하방송이 나오게 하고, 다음에는 주변 사람들에게 아내 휴대폰 번호를 알려줘서 무작위로 축하메시지가 가도록 했다. 마지막으로 한강 유람선에 아내를 데려가서 녹음한 방송을 들려주고 꽃다발을 안겼다. 아내가 감동해서 즉시 화해한 것은 물론이다. 너무 오버하는 바람에 남자는 주변 사람들로부터 많은 지탄을 받기도 했지만 웬만한 여자들은 다들 부러워했다. 그 아이디어 때문이 아니라 그런 남편의 세심한 정서와 실천력이 부러운 것이었다.

남자들은 분명히 알아야 한다. 자기가 사회생활에 찌들어 변해가고 있다는 것을. 그리고 여자들은 늘 그랬듯이 정서적인 삶을 원한다는 것을 말이다.

인생의 민낯은 낭만이 아니다

1

'젊음' 하면 떠오르는 말들이 있는데, 그중 하나는 '낭만'이다. 사람은 유아적인 시기를 지나 사춘기를 맞게 되면 누구나 감상에 빠지고 또 고민도 하게 되며 낭만을 찾게 된다. 그런데 요즘은 낭만의 과잉 시대를 살고 있는 것이 분명하다.

내가 사춘기를 맞던 1980년대에도 젊은이들은 여전히 낭만을 찾아 헤맸다. 인터넷은 없었지만 밤이면 올빼미처럼 잠을 안 자고 라디오에 귀를 기울이며 누군가 보낸 엽서 속의 슬픈 사연이 마치 자기의 일인 양 슬퍼하기도 했다. 그리고 유명한 시를 인용하여 연애편지를 쓰기도 하고, 계절이 바뀔 때마다 한숨을 짓기도 하고, 누군가를 짝사랑하기도 하는 등 사춘기에 겪는 일들을 비슷하게 겪곤 했다.

물질주의 세상의 많은 문화는 사람의 감정과 감상을 더욱 자극하는 것 같다. 그래야 지갑이 열리기 때문이다. 영상을 통해, 또 음악을 통해, 글과 그림을 통해 다양한 분야의 감상주의적 문화를 만들어내는 것이 요즘 세상이다. 누구나 사춘기를 겪고 또 감상에 빠지는 시기를 보낼 수 있으므로 이는 자연스러운 일이다. 하지만 분명한 것은, 그런 모습이 유아적인 취미보다 좀 더 자란 것일지는 몰라도, 인간으로서 성숙한 모습이라고는 할 수 없다는 것이다.

2

감상적이지 못한 사람은 대개 계산적이고 인간미가 없는 것처럼 비쳐지기도 하는데 이는 너무 편협한 생각이다. 물론 사회생활에 요구되는 적당한 감정을 갖고 있지 못하거나 메마르고 불안정한 사람이 살인을 하는 등 범죄를 저지르는 사례가 간혹 있지만, 그렇다고 해서 감정이나 감상이 그런 사람들을 올바로 인도할 수 있다는 뜻은 아닐 것이다. 오히려 감정이 과잉되거나 잘못 자리를 잡으면 이상한 애정으로 흐르거나 집착 등의 기형적인 표현으로 나타날 수 있다.

감상적이고 감정적인 것은 신앙생활에도 크게 도움이 되지 않는다. 감정에 치우치는 이들은 마음이 뜨거워지고 성령이 충만한 것처럼 느껴질 때는 믿음이 좋은 것 같지만, 감흥이 없을 때는 하나님이 과연 있는지 없는지조차 모를 정도로 냉랭해진다. 이런 이들은 다시금 그 뜨거움의 불을 지피기 위해 기도원으로, 무슨 집회로 다니면서 눈에 보이는 헛된 은사를 구하는 오류를 범하기도 한다.

그러나 그들이 구하는 성령의 은사들은 사실 어디에도 없다. 구원과 동시에 성령을 받게 되는 그리스도인은 모두 그 열매를 거두면 되는 것이고, 그것이 성령 충만의 증거가 되는 것이다. 그 아홉 가지 열매들은 모두 사람의 인품에 관한 것이다. 내가 사는 것이 아니라 그리스도가 자기 안에 산다면 인격이 변화될 수밖에 없고, 그것은 자기도 모르게 겉으로 흘러 넘쳐 '행함이 있는 진짜 믿음'으로 드러난다.

3

감상적인 습관을 가진 사람은 나이를 더 먹어도 여전히 삶에서 감상적인 즐거움을 찾으려고 한다. 계절이 바뀌면 먼 산을 바라보며 옛 추억에 잠기기도 하고, 비가 오면 슬픈 노래라도 들으면서 우울함을 즐기려 하고, 별로 마시고 싶지 않은 커피도 한 잔 기울이고 싶어 한다.

지나치게 감상적인 사람들은 별 감정이 안 생기면 일부러 그런 감정을 찾아 헤매기도 하고, 가라앉은 감정의 찌꺼기들을 다시 휘저어 보려고 애쓰기도 한다. 감정이 점차 없어지는 현상을 자신이 늙어버리거나 속물, 또는 퇴물이 되어가는 징조로 판단하기 때문이다.

이런 식의 낭만을 지키려는 사고가 사춘기 이후로 계속되다 보니 결혼을 해서도 낭만적인 연애처럼 부부생활을 이어가려 하는 경향이 생기고, 그런 것들이 시들해지고 밋밋해지면 사랑이 식었다고 판단하여 더 이상 살아가는 재미와 의미를 찾지 못하는 삶이 되고 만다.

사람이 태어나면 젖을 찾게 되고 더 자라면 밥을 먹게 되듯이, 몸이 자라고 머리가 자라면 그 생각도 점점 성숙한 것으로 옮아가야 한다.

부모에게 받기만 하던 사람도 나이가 들면 부모를 섬기고 책임질 줄 알아야 한다. 서로 사랑하는 관계에서도 둘만의 사랑놀이만 할 것이 아니라, 더 성숙한 책임과 의무를 다하면서 상대방의 권리와 입장을 존중해 주는 관계가 되어야 하는 것이다.

　감상적 습관을 탈피하는 것은, 비 오는 날씨를 좋아하던 사람이 빗방울만 떨어져도 차가 밀리지 않을까 옷이 더러워지지 않을까 염려하게 되는 식의 변화를 말하는 것이 아니다. 유아적 취미를 버리지 못하면 나이를 먹어서도 사랑의 애틋함만을 갈구하게 되고, 그러다 보면 자기 자리를 소홀히 하게 되고 엉뚱한 즐거움만 찾아 헤맬 수 있다는 것이다.
　나이와 위치에 걸맞는 성숙한 삶을 살려면, 감정의 노예가 되지 말고 감정을 다스릴 줄 알아야 할 것이다. 이성과 감성이 한쪽으로 치우치지 않고 아름다운 조화를 이룬 사람이 멋진 사랑도 할 수 있기 때문이다.

남녀의 체감 시간, 달라도 너무 달라

1

시간이란 하나님의 영역에 있는 것이지만 사람마다 느끼는 체감시간은 조금씩 다르다. 특히 연령에 따라 느껴지는 시간의 속도는 사뭇 다르다고 한다. 일곱 살짜리 꼬마가 느끼는 시간과 일흔 넘은 노인이 느끼는 시간은 많이 다르다는 얘기다.

어린 시절을 돌아보면 하루가 어찌나 긴지 한참 놀다 와도 아직 밥때가 안 됐고, 심심함을 못 이겨 동네를 돌며 친구들을 찾아보고 동네어귀에서 외출한 엄마를 하염없이 기다려 봐도 해는 저물 줄을 몰랐던 기억이 난다.

스무 살 넘은 어른이 될 때까지는 시간이 어찌나 안 가는지 빨리 어른이 되서 자유를 찾고만 싶었다. 20대 전후부터 약 10여 년간은 입시, 대학, 알바, 군대, 복학, 취업, 결혼 등 워낙 할 일이 많아서 그랬는지 유난히 길게 보냈던 기억이 난다.

그러다가 30대가 되자 생활은 훨씬 난조로워졌는데도 시간이 빠르게 지나가기 시작했다. 서른에서 마흔이 된 시간을 생각해 보면 스물에서 서른 된 시간의 절반도 안 되는 것 같고, 십대 때보다는 서너 배 빠른 것 같다. 40대는 더욱 빨리 지나가고 있다. 앞으로 시간은 더더욱 빨리 흘러갈 것이다. 선배들도 그렇다고 말한다.

예전에 한 노교수가 강의에서 한 이야기가 생각난다. 젊을 때는 1년 있다 한참 만에 또 1년이 가고 그러더니 쉰이 넘으니까 '둘, 넷, 여섯, 여덟, 열' 이렇게 가고, 예순이 넘으니까 '예순, 예순다섯, 일흔' 이렇게 가버리더라는 것이다.

나는 예전부터 쓸데없이 노인들의 하루를 걱정하곤 했었다. 잠도 없어서 일찍 일어나는 어르신들은 하루 종일 탑골공원 담 밑에 앉아 볕을 쪼이며 시간을 보내는데, 하루가 얼마나 길까… 하고 말이다. 그러나 어르신들의 경험담을 들어 보면 나의 걱정은 기우 중의 기우인 것 같다. 오히려 그 반대. 나이가 들면 평소 잔소리를 안 하던 사람도 잔소리가 많아지는 경향이 있는데, 그건 하루해는 길고 할 일이 없어서가 아니라, 빠른 시간 때문에 마음이 급해져서 뭐든 빨리빨리 해치우려는 조급함 때문이 아닐까 싶다.

연령뿐 아니라 각자가 느끼는 체감 시간도 있다. 이와 같은 '시간의 상대성' 문제는 일상생활에서도 늘 시시콜콜한 분쟁의 소지가 된다. 부부가 외출할 때도 남편은 미리 나가서 차에 시동을 걸고 곧 나오겠거니 하지만, 이번에도 역시 안 나온다. 아내는 나름 서둘러서 화장도

하고 가스불도 끄고 나가 보지만 이미 남편은 씩씩거리고 있는 경우도 결국 체감 시간의 문제다. 똑같은 10분이지만 남편에게는 하염없이 길고 아내에게는 그저 짧기만 하다.

만일 나이에 따라 시간을 느끼는 속도가 다르다는 것이 사실이라면 나이 차이가 많이 나는 사람들은 고민이 한 가지 더 늘어난 셈이다. 연인들도 마찬가지. 나이가 꽉 찬 노처녀가 군대도 안 간 젊은 연하의 남자와 만났거나, 경제력 있고 사회적으로 이미 자리를 잡은 남자가 어린 여자를 만났다면, 나이 든 쪽에서는 서둘러 결혼을 하고 싶겠지만 젊은 연인은 급할 것이 없다. 젊은 연인이 연애를 즐기며 몇 년 더 기다려 달라고 하거나 벌써부터 결혼의 무덤으로 가고 싶지 않다는 식으로 회피한다면, 그 커플은 오래 가기가 어렵다.

물론 자기가 처한 상황에 따라, 또 맞닥뜨린 사안에 따라 체감하는 시간은 또 달라질 것이다. 형무소 독방에 있는 죄수의 한 시간과 꿈에 그리던 연인을 면회하는 죄수의 한 시간은 매우 다를 테니까.

이처럼 우리는 시간의 한계를 뛰어넘을 수가 없다. 의외로 많은 문제들이 겉으로는 다른 원인인 것처럼 나타나지만 사실은 이런 시간의 문제를 극복하지 못해 일어난다. 부부가 싸움을 해도 화가 풀어지는 시간은 서로 다르다. 혼자 다 풀려서 분위기 푼답시고 히히덕거리면 싸움은 더 커질 수밖에 없다. 며느리로 들어온 여자가 시댁 식구들에게 마음을 여는 기간은 각자 다른데, 남편 입장에서는 조급하다 보니 서두르다가 일을 그르치고 감정의 상처만 내게 되는 일도 흔하다.

상대방을 이해하거나 용서할 수 있는 시간도 다르다. 단기간에 이해할 수 있는 경우도 있지만 죽을 때까지 이해할 수 없는 부분도 있을 것이다. 물론 이것은 사안의 문제가 더 클 수도 있지만 시간의 문제는 크든 적든 반드시 개입이 된다.

시간의 상대성은 당연히 타이밍의 문제와도 밀접한 연관이 있다.

오 헨리O. Henry의 〈경찰관과 찬송가〉에서 주인공인 무일푼의 전과자는 차라리 추운 겨울을 감방에서 보내리라 마음먹고 고의로 온갖 사고를 치지만 공교롭게도 경찰에 잡히지 않는다. 그런데 나중에 마음을 돌이켜 찬송가가 들려오는 교회 앞을 서성이며 바르게 살리라 마음먹었을 때, 그는 불순한 사람으로 오해받고 경찰에게 잡혀 간다. 이처럼 우리의 삶에도 타이밍이 맞지 않아 겪게 되는 고난이 많다.

3

어린 시절에 어른들과 친척집이나 먼 곳에 차를 타고 갈 때면, 가도 가도 목적지가 안 나오는 것 같았다.

"얼마나 더 가야 돼?"

이렇게 물으면 어른들은 꼭 그런다.

"다 왔어~."

다 오긴!! 그러고도 20-30분 더 가는 것은 다반사였다. 어떤 때는 거의 한 시간을 더 가야했는데 다 왔다고 하다니, 도착하고 나면 영속은 기분이 들곤 했다. 다 온 줄 아는 아이에게는 남은 시간이 더 길게 느껴지는 법이니까. 그렇다고 어른들이 거짓말을 한 것은 아니다. 그저 자기 기준에서 말한 것뿐이다.

시간의 개념은 우리가 육신을 입고 있는 동안은 절대 뛰어넘을 수 없는 문제다. 시간을 뛰어넘을 수 없다면 그것을 잘 관찰하여 파도를 타듯 슬기롭게 대처해야 할 것이다. 시간을 잘 관리하듯이 감정의 문제에서 시간이 차지하는 민감성을 잘 파악해야 한다. 또 자기가 체감하는 시간만을 주장할 것이 아니라 상대방의 느낌을 존중하며 기다려 주고 이끌어 줄 필요가 있다.

"얼마나 더 가야 돼?" 하고 묻는 아이에게 "응, 길이 막히지만 않으면 10분이면 도착할 수 있는데, 가 봐야 알아." 하고 친절하게 말해 주듯이, 연인이나 배우자에게도 상대방이 나와 시간의 느낌이 다르다는 것을 인정하며 배려하는 것이 지혜로운 사랑일 것이다.

인생은 새옹지마, 어쩌면 복불복

1

"부러우면 지는 거다."

어디서부터 시작됐는지 모르지만 한동안 많이들 썼던 말이다. 남과 비교하는 사람들의 생각을 드러내 주는 이 말에는 비교의 부정적 기능에 대한 풍자와, 비교하면서 느끼는 불행 앞에서 그것을 극복해보려는 의지도 담긴 것 같다. 그러나 경쟁사회에서 '상대적 빈곤'과 박탈감을 느끼는 현대인들의 자괴감과 뒤틀린 심리를 드러내는 말임에는 틀림이 없을 것이다.

원치 않는 학과에 진학하여 전혀 다른 분야로 진출하는 친구들을 많이 보았다. 선호하는 학과는 인원이 한정돼 있으니 눈치작전에 따라 적당한 대학과 학과로 가야 하는 사람도 있다. 하지만 내가 하고 싶은 일은 제쳐두고 사람들에게 선망의 대상이 되는 분야로 진출하는 것이 성공인 것처럼 되어버린 세상에서, 자기도 모르게 그런 길로 떠밀린 사람도 있을 것이다.

일단 사람들이 부러워하는 자리에 가면 많은 것을 얻을 수 있다. 부모님은 밖에 나가 자랑을 할 수 있고, 사람들은 효자 또는 효녀라고 칭찬을 할 것이니 힘들게 키운 보람을 느끼게 해드릴 수 있다. 또 자신은 남들 앞에서 우월감을 느낄 수 있고, 부모님에게 효도했다는 생각이 들 것이며 열심히 해서 얻은 안정적인 직장에서 큰 고생 않고 살아갈 수도 있다.

2

사람은 누구나 자신이 좋아하는 일을 할 때 가장 행복하다. 그럼에도 가족을 위해 자신의 희망사항은 접어두고 수입이 안정적인 일을 선택하는 것은 분명 희생이 담긴 아름다운 일일 것이다. 모든 사람이 화려하고 수입도 좋고 신나는 일만 할 수는 없을 테니까. 다만, 자기는 행복하지 않은데 남들이 부러워하는 자리에 섰다고 해서 행복을 성취했다고 여기는 착각은 벗어던져야 한다.

남자들의 명예욕은 여자들이 생각하는 것 이상이다. 이성에 대한 사랑의 감정보다 그 무게감이 더 크다고 할 수 있는데, 여자를 위한 큰 배려나 희생도 명예를 지키기 위해 하는 경우가 많다. 그런 큰 결단을 할 때, 사랑도 포함돼 있겠지만, 남자라면 그 정도의 아량과 배짱은 보여 줘야 한다는 강박이나, 그 정도 해주지 못하면 시시한 남자가 되고 만다는 압박이 그를 짓누르고 있을 때가 많다.

남자들은 과시욕도 강하다. 예쁜 여자를 찾아 헤매는 것도 자기 자신을 위한 것뿐 아니라 남들 앞에 자랑하고 싶은 생각이 강하기 때문이다. 그런 남자들은 여자의 예쁜 얼굴 때문에 나중에 후회할 일이 생긴다 해도 버릴 수 없는 집착을 보이곤 한다.

남자들의 이런 속성, 즉 남들이 부러워하는 자리에 가고 싶은 명예욕과 과시욕은 사랑에 대한 왜곡된 관념을 불러오기도 한다. 자기 배우자도 자신이 원하는 조건보다 남들이 부러워할 만한 사람이면 된다는 생각이 바로 그것이다.

그런 생각은 배우자도 그렇게 만들어주면 된다는 착각으로 이어져, 멋진 선물로 모두의 선망의 대상이 되게 해주거나 '사모님' 소리를 듣게 해주면 큰 호강을 시켜준 줄로 알기도 하고, 기념일에 외국의 휴양지로 여행이라도 다녀오면 주변 사람들 앞에서 아내를 한껏 행복하게 해줬다고 믿기도 한다. 물론 그런 일들로 아내가 행복해할 수도 있다. 그런데 그런 남자들은 그 정도 했으면 자기 할 일을 다 했다고 믿거나, 그런 일들의 횟수를 세며 뿌듯해하기도 한다. 하지만 진심이 결여된 이런 유의 봉사는 깊이가 없고 늘 그때뿐인 한시적 행복만을 가져다준다.

자식이 좋은 대학에 가면 부모는 행복하다. 그러나 세월이 지나 자기 품을 떠나가면 허탈하다. 그럴 때는 가정을 꾸려 화목하게 살면서 자주 목소리를 들려주고 얼굴을 보여주는 자식이, 큰 선물과 출세로 노인정에서 부러움을 사게 만드는 자식보다 더 기쁨을 주는 법이다.

한편, 아내들이 이벤트를 좋아하는 궁극적인 이유는 남들이 부러워해서라기보다는 남편의 사랑을 확인할 수 있기 때문이다. 처음에는 남들이 부러워하면 내가 남자를 잘 골랐나보다 하며 좋아할 수 있을지 몰라도, 진심이 부족하면 더 이상 그런 것으로는 기쁨을 얻기 어렵다.

3

남자들은 아내가 동네 아줌마들 앞에서 선망의 대상이 되면 그만이라고 생각하곤 한다. 이런 사람은 '아내에게 바치는 시'를 써서 공개하거나 아내의 직장으로 큼직한 꽃다발을 배달시킬 시간은 있어도, 소박하지만 진심어린 편지 한 통 보내는 일에는 인색하다. 아내가 작은 편지 한 통보다는, 사람들 앞에서의 이벤트와 화려한 리본에 멋진 멘트가 적힌 꽃다발을 더 쳐 줄 거라고 착각하기 때문이다.

남들의 부러움을 살 정도로 행복하게 해주겠다는 생각도 그 속내는 "그 집 남편 굉장해"라는 찬사를 은근히 즐기려는 의도일 수가 있다. 말하자면 자신도 모르게, 아내가 아닌 스스로의 명예와 찬사를 챙기는 일을 하게 될 수 있다는 말이다. 그러는 동안 아내는 행복하다는 최면에서 빠져나와 이내 공허함에 빠질 것이다. 좀 더 지나면 자신의 행복이 이제는 말 그대로 '빛 좋은 개살구'임을 알게 될 것이다.

오늘날 세태는 부러우면 지는 거고 부럽게 만들면 이기는 거라고 생각하는 분위기다. 그러나 어떤 이는 '부러우면 지는 게 아니라 똑같으면 지는 것'이라고 말한다. 어떤 기업이 다른 기업의 제품이 부러워서 비슷한 것을 만들다 보면 결국 뒤처지고 만다는 것이다. 애플의 독창적 아이템이 부러운 모 기업이 비슷한 기계들을 만들어내서 당장은 큰 성과를 올리고 있다 해도, 자신만의 스피릿이 빠진 모방은 언젠가 하드웨어가 낡을 때 기업도 함께 낡게 만들 것이라고 전문가들이 경고하는 이유가 바로 그것이다.

성경은 하나님께서 사람들을 인격적으로는 평등하게 지으시고 대우하시지만, 기능적으로는 다르게 사용하신다고 말한다. 조금 덜 중요한 일에 쓰인다고 해서 덜 중요한 사람이 되는 것이 아니고 부끄러운 일도 아니므로, 오히려 하나님의 계획에 어긋나게 자기 마음대로 자신의 본분을 넘어 "왜 나는 남들과 똑같은 자리에 설 수 없느냐"고 우기는 것이 더 잘못된 일이다.

  그래서 사람은 원래 다른 이와 비교할 필요가 없고, 사촌이 땅을 살 때 배 아파 할 필요가 없다. 육신을 입고 있는 동안 이런 것을 극복하는 것은 쉽지 않은 일이지만, 그런 비교심리와 시기심 등은 분명 하나님으로부터 나온 것이 아니다.

  학창시절 친구 중 여고에서 반장을 도맡아 하던 한 친구가 했던 말이 기억난다.

"어릴 때는, 반장인 친구들을 보면 친해지고 싶기도 하고 부럽기도 하잖아. 그래서 반장이 돼보고 싶었는데, 막상 내가 그 자리에 오래 있어 보니까 친구들이 그런 눈으로 나를 대하면서 거리를 두는 게 싫더라."

뽀얀 살결에 전형적인 반장 스타일의 모범생 같던 이 친구는 결혼해서 아주 평범한 주부이자 엄마가 된 후가 오히려 더 행복하고 편안해 보였다. 남들이 부러워하는 사람이 되는 행복과 자신이 편안하게 느끼고 만족하는 행복은 이처럼 큰 차이가 있다.

특히 남자들은 아내와 가족들을 생각하며 행복의 기준을 다시 점검해 보아야 한다. 빽적지근한 선물이나 남들이 부러워할 만한 것들도 좋지만 그것에는 반드시 진심이 담겨야 하고, 그런 것을 안겨주기 위해 노력하기보다는 자주 시간을 내서 가족과 함께하는 것이 훨씬 낫다. 둘 다 가능하다면 좋겠지만 그게 아니라면, 아내와 가족들은 부러움을 사는 것보다 진심어린 작은 배려와 행복을 더욱 바라고 있다는 것을 눈치채야 한다.

남들보다 행복한 조건이 있으면 조용하고 겸손하게 누리면 된다. 괜히 남들 앞에서 자랑해 되돌아오는 반응을 즐기며 뿌듯해하지는 말아야 할 것이다. 남을 초라하게 만들면서 얻는 행복은 유치한 우월감이며, 남에게 박탈감을 심어주는 비신사적인 일이다. 그것은 하나님이 주시는 절대적 가치의 기쁨과는 차원이 다른 상대적인 기쁨이기에, 언제든 뒤바뀔 수 있고 곤두박질칠 수 있음을 알아야 한다.

5

'부러우면 지는 거다'라는 말 자체는 어떤 의미에서는 맞는 말이다. 못난 자아와 마귀는 우리의 비교의식을 늘 부추기므로, 하나님 안에서 인격적 평등함을 망각하는 것은 마귀에게 지는 일일 수 있다. 그러나 부러워도 자존심 때문에 버티며 나도 남들이 부러워하는 자리에 빨리 서고자 하는 생각은, 진짜 행복할 수 있는 시간들을 흘려보내는 어리석은 짓이다. 행복에 대한 오해와 착각을 바로잡을 때 자꾸만 무언가를 더 달라고 요구하는 우리의 기도도 감사로 바뀌게 될 것이며, 살림과 평수가 늘어나야만 행복해지는 가정도 비로소 변화될 것이다.

건전한 의미의 부러움, 즉 동경과 같은 감정은 인간에게 자연스러운 것이고, 자신을 한 걸음 도약시키는 원동력이 될 수도 있다. 그러나 남의 불행이 나의 행복이라는 식의 시기심은 하나님과 인간 어느 편에서도 환영받을 수 없다. 남들 부러워하지 말고, 그럴 시간에 열심히 살자. 아무리 좋아 보여도 삶의 무게는 다 똑같아서 '새옹지마와 복불복'으로 이해해야 한다. 그렇게 될 때 오해가 풀리고, 서로 조심하고 절제할 수 있는, 그나마 살만한 세상이 찾아올 것이다.

신체 노출에
대하여

　　　　　　　먼저, 여자들에게 충고하고 싶다. 제발 야한 옷
은 자제하라고 말이다. 누가 뭐래도 그건 남자들의 범죄를 유발하는
일인 것 같다. 이런 말을 하면 보수적이고 올드한 생각이라고 비난할
지도 모르겠다. 그런데, 정말이다.

　여자들은 왜 옷을 야하게 입고 노출을 하면서도, 지하철 계단을 오
를 때는 핸드백으로 짧은 치마를 가리는 것인가. 그 뒤에서 올라가는
남자들을 모두 잠재적 범죄자로 취급하는 것 같아 기분이 좋지 않다.
　여자들은 자신들의 옷차림이나 행동이 남자들을 자극해 자신에게
반하도록 만들고 싶은 것일까? 물론 그런 마음도 조금은 있겠지만,

여자들 사이에서의 경쟁심리나 자기만족 때문일 수도 있을 것이다.

그런데 여자들이 모르는 남자들의 심리가 있다. 남자는 아주 사소하고 엉뚱한 지점에서 여자에게 사랑을 느끼거나 빠져든다는 것이다. 그중 하나가 여자의 파인 가슴 등 속살을 보았을 때다. 물론, 이상하다고 여길 수도 있다.

영화 〈흐르는 강물처럼〉에는 주인공 노먼이 나중에 아내가 되는 제시를 훔쳐보는 장면이 나온다. 독립기념일 무도회에서 친구들과 대화를 나누는 제시가 치마를 걷어 스타킹이 신긴 허벅지에 소지품을 넣고 귀엽게 춤을 추는 모습이었다. 남자의 시각은 민감해서 이런 것을 보고도 금세 사랑을 느끼고, 자기가 그녀와 이미 비밀스런 무언가를 나눈 것처럼 생각한다.

여자들은 두 종류다. 이런 남자의 심리를 너무 잘 알거나 아예 모르거나…. 하지만 대부분의 여자들은 자기가 좋아서 그렇게 입는 거지, 남자들이 어떻게 보는지는 무감각한 것 같다. 일부러 자극하기 위한 것은 아닌 것 같다는 이야기다.

남자는 자기들이 여자를 볼 때 느끼는 그런 야릇한 감정을 여자들도 똑같이 가질 거라고 생각하기도 한다. 하지만 남자의 근육을 보면서 여자들이 생각하는 것과 여자의 몸을 보면서 남자들이 생각하는 것은 조금 다르다. 진짜 바보 같은 남자들은 자기가 바라는 것을 여자한테 그대로 실천하기도 한다. 대표적인 예가 속칭 바바리맨이다. 이들은 여자들이 그런 자신의 모습을 좋아하리라 생각한다. 소리를 지르며 눈을 가려도 속으로는 좋으면서 내숭떠는 거라고 '입장 바꿔' 생각한다.

남자학교 골목에 바바리걸이 나타난다면 관객들은 절대 도망치지 않을 것이다. 오히려 그녀는 그날부터 그 학교의 우상이 될지도… 이게 남자와 여자의 차이인데, 그걸 역으로 적용한 것이 바바리맨의 멍청한 발상이다.

그러므로 여자들은 몸가짐을 조금 단정히 할 것을 간곡히 당부한다. 그런 것이 성폭행 지수와 상관없다는 통계도 있다지만, TV에 나오는 연예인들이 한껏 몸을 드러내고 성행위를 연상시키는 몸짓의 춤을 추는 것을 보고 있으면, 저렇게 여성을 상품화하고 또 거기에 동조하는 행위를 서슴지 않는 사람들이 남자들의 폭력과 무모한 행동에 대해 무슨 할 말이 있을까 싶기도 하다. 남자들의 심리를 교묘히 이용하는 비즈니스에, 남자들의 심리를 잘 모르는 여성들이 이용되고 있는 꼴이다.

남녀의 차이를 조금만 이해하면 불상사와 낭비를 막을 수 있다. 역지사지의 마음으로 이성의 마음을 읽어야 한다. 남자들은 여성의 옷차림이나 행동이 다 남자를 꾀려고 그러는 것이 아님을 여자의 마인드로 이해해야 한다. 그리고 여자들은 남자가 생각보다 자극을 잘 받고, 노출이나 도발에 민감하다는 것을 남자의 마인드로 이해해야 한다. 그렇게 될 때 오해가 풀리고, 서로 조심하고 절제할 수 있는, 그나마 살만한 세상이 찾아올 것이다.

EPILOGUE

Too much love
will kill you
─────────────

　　　　　　　　연애와 결혼에 대한 그럴듯한 조언들 중에 '가
능한 한 많은 사람을 만나고 사귀어 보라'는 이야기가 있다. 정말 그
럴까? 많이 만나고 많이 겪어 보면 좋은 사람을 찾거나 알아볼 수 있
을까? 일단, 세상에는 흔히 말하는 '좋은 사람'이 열 명 중 두세 명도
안 되고, 대개는 많은 단점들이 있지만 그래도 쓸 만한 몇 가지 때문
에 부족한 그 사람과 사는 것이다.

　　　화려한 과거는 오히려 당신의 삶에 걸림돌이 될 수 있다. 많은 이성
들을 만나는 동안 당신은 좋은 사람을 놓치고 가장 좋은 시간을 놓칠
수 있다. 그리고 진짜 사랑을 찾게 되더라도 그 사람에게 순전한 자

기를 내어줄 기회가 없다. 결혼을 해보면, 배우자 선택이 결국 일종의 '랜덤'이라는 것을 알게 된다. 그리고 '나'를 바꾸지 않고는 내 맘에 쏙 드는 배우자는 없다는 것도.

물론, 사람에 대해 잘 모르면 좋은 사람을 알아보기 힘든 측면이 어느 정도 있으므로 여러 사람을 만나고 사귀는 것이 필요하지만, 그 만남이 너무 깊으면 곤란하다는 거다. 어떤 사람인지 알기도 전에 깊은 사이가 되면 그 손해는 모두 자기 것이 된다. 이는 불공평한 사회 구조상 특히 여성에게 매우 불리하고 안타까운 일이다. 깊은 만남 후에는 본인도 모르는 남자의 진면목이 드러나는데, 이렇게 해서 사람을 파악하는 일은 너무 큰 대가를 치르는 어리석은 모험이라는 것이다. 사람의 진가는 깊은 만남을 아끼고 미루는 과정에서도 드러나므로, 시간을 두고 장기적으로 판단해야 한다. 연애 초반에는 나쁜 면이 드러나지 않기 때문이다.

그룹 퀸의 프레디 머큐리가 에이즈로 사망한 뒤 팀 동료인 브라이언 메이는 '파바로티와 친구들' 라이브 공연에서 프레디가 생전에 불렀던 이 노래를 추모곡으로 불렀다.

"Too much love will kill you" 지나친 사랑은 당신을 죽일 것이다

두 사랑 사이에서 갈등하고 괴로워하는 이에 관한 충고지만 에이즈로 파멸에 이른 사람에게 바치는 노래치고는 꽤 의미심장한 제목

아닌가.

  정말 사랑을 아는 사람은 이번이 마지막이길 원한다. 바보들은 많을수록 좋은 줄 알고 벌써 다음 사랑까지 생각한다. 하지만 사랑의 기회나 횟수는 적을수록 좋다. 그것이 하나님의 뜻이고 당신이 사는 길이다. 지나친 사랑은 끝내 당신에게 크나큰 고통을 줄 것이다.

  단 한 번밖에 사랑할 수 없는 사람처럼, 깊은 생각으로 마지막 사랑을 찾아라. 그것이 잠시 왔다 가는 인생을 가장 안락하게 누리는 길이 될 것이다. 불필요한 환상을 깨고, 감상적 습관을 버릴 때 더 아름다운 사랑이 손에 잡힐 것이다. 연애는 드라마도 소설도 아닌 다큐니까.

연애는 다큐다

초판 1쇄 인쇄 2013년 9월 15일
초판 1쇄 발행 2013년 9월 25일

지은이 김재욱
펴낸이 오정현
펴낸곳 도서출판 국제제자훈련원

기획책임 김명호
편집책임 옥성호
편집 홍지은 이선희
디자인 이은교
마케팅 김겸성 송상헌 박형은 김미정 손은실 김종운

등록번호 제22-1240호(1997년 12월 5일)
주소 (137-865)서울시 서초구 서초1동 1443-26
e-mail dmipress@sarang.org **홈페이지** www.discipleN.com
전화 (02)3489-4300 **팩스** (02)3489-4329

ISBN 978-89-5731-635-1 03230

※ 책값은 뒤표지에 있습니다. 잘못된 책은 구입하신 곳에서 교환해 드립니다.

이 도서의 국립중앙도서관 출판시도서목록(CIP)은 서지정보유통지원시스템 홈페이지
(http://seoji.nl.go.kr)와 국가자료공동목록시스템(http://www.nl.go.kr/kolisnet)에서 이용하실 수 있습니다.
(CIP제어번호: CIP2013016719)

국제제자훈련원은 건강한 교회를 꿈꾸는 목회의 동반자로서 제자 삼는 사역을 중심으로
성경적 목회 모델을 제시함으로 세계 교회를 섬기는 전문 사역 기관입니다.